JN437293

문화경제의 이해

배 기 형 저

도서출판 두남

차 례

제4장 문화산업의 부문별 성과 및 전망 41

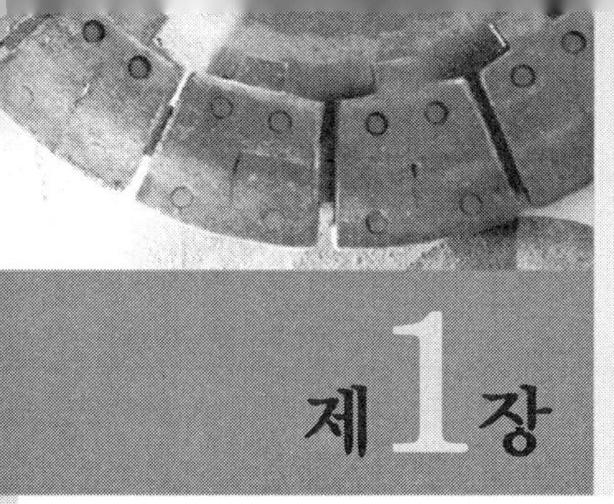

제 1 장 문화산업이란?

01 문화란?

문화(culture)란 라틴어로 '키운다, 거주한다, (밭을)갈다'라는 cultura에서 파생했으며, 일반적으로는 문화의 사회적 역할과 기능을 통하여 인간의 행동을 규정하여 사회시스템 형성방식이나 인간의 가치관, 학문의 발상 등에 영향을 미치는 것을 의미한다. 즉 문화란 문화의 경제적, 산업적 측면에서 높은 수준의 지적활동의 결과물로 사람들의 미의식에 감동을 주는 것으로 사회의 한정된 자원을 투입하여 재화 및 서비스를 생산하거나 자원 배분을 규정하는 것을 의미한다.[1] 이러한 문화는 성장 과정에서 습득하게 되며 언어, 예술, 생활면에서 문화적 특성을 공유하여 한 세대에만 멈추는 게 아니라 다음 세대로 전달되어지고 또 다시 축적되어 진다.

Tayor는 문화는 지식, 도덕 법률, 신앙, 관습 및 사회의 구성원으로서 인간에 의해서 획득된 모든 능력과 관습들을 포함하는 총제적인 의미로 정의하고 있으며, UNESCO는 문화란 사회나 사회집단을 특징 지워주는 고유한 정신적, 물질적, 지적 복합체인 전체로서 문학과 예술뿐만 아니라 생활양식, 인간의 기본권, 가치체계, 전통과 신앙 등을 모두 포함한다고 정의하고 있다. 또한 James P. Spradley는 문화를 사람이 알고, 느끼고, 생각하고, 만들고, 행하는 것으로 정의하고 있다.[2] 따라서 포괄적인 개념으로 보면 문화는 역사를 반영하고 있

1) 신길수, 충북 문화산업의 실증적 분석, 청주대, 2007.8. p.17와 네이버 사전.

2) 박종흡 (역), 문화기술적 면접법, 시그마프레스, 2003과 정철현, 문화연구와 문화정

으며 인간의 문화적 사고의 집합체이면서 인간의 생활방식이라 할 수 있다.

미국은 문화를 인간(인류)의 창조적 활동을 통해 구체화 되는 미적 작품인 Arts의 생산과 계승, 발전의 맥락에서 이해, 기술 일반과 대별되는 미적기술(Fine Arts)로서 대표적으로 문화의 범위에 속하는 것은 음악, 댄스, 건축, 시각예술 및 문학 등을 들 수 있다.[3)]

프랑스는 문화를 인간의 창조적 정신과 창작 활동의 산물로서 인식하고 창조적 창작 활동과 문화소비의 대중화를 위해 지원정책을 일관성 있게 시행하고 있다. 즉, 예술과 지식분야에서 행하여지는 인간의 창조적 정신을 바탕으로 한 생산, 유통, 소비의 일련의 행위에 관하여 프랑스 문화정책은 프랑스에서 인식하고 있는 문화와 같은 방향으로 나아가고 있다.

영국에서는 문화를 문화적 자산(Cultural Property)으로 인식하고 있으며, 창조성과 자율성이라는 인식하에서 문화에 대한 지원정책을 일관하고 있다.

중국은 문화는 문화예술 및 대중문화를 포함하는 것으로 미술, 음악, 연극, 문학 등의 범위로 인식되고 있다.[4)] 일본은 창조적인 일에서 자기의 가능성을 발견하고 개발하는 인간의 근원적 욕구의 부산물과 이에 따른 창작물로서 인식되고 있다.

백범 김구 선생의 나의 소원

나는 우리나라가 세계에서 가장 아름다운 나라가 되기를 원한다.
오직 한없이 가지고 싶은 것은 높은 문화의 힘이다.
문화의 힘은 우리 자신을 행복하고, 나아가서 남에게 행복을 주기 때문이다.
지금 인류에게 부족한 것은 무력도 아니오, 경제력도 아니다.
나는 우리나라가 남의 것을 모방하는 나라가 되지 말고,
이러한 높고 새로운 문화의 근원이 되고, 목표가 되고, 모범이 되기를 원한다.
그래서 진정한 세계의 평화가 우리나라에서, 우리나라로 말미암아 세계에 실현되기를 원한다.

책, 서울경제경영, 2005, p.205.

3) 문화관광부, 2004 문화산업백서, 2004, pp.141~143.

4) 문화자산은 보호 및 육성의 가치가 있는 과학적, 기술적, 역사적 자산을 의미함.

02 문화산업의 개념

문화산업(cultural industry)이라는 용어는 호르크하이머(Horkheimer M.)와 아도르노(Adorno T.)가 1947년에 발표한 "계몽의 변증법"에서 처음 언급되었다. 그들은 문화산업을 문화의 대량 생산과 대량 소비현상에 의한 상업적인 문화를 비판하기 위해 사용된 개념으로 새로운 창조적 가능성으로도 파악되고 있는 오늘날 문화 산업의 개념과는 다르다.[5)]

문화산업은 좁게는 오락의 요소가 상품의 부가가치 형성에 커다란 역할을 하는 산업을 의미하며, 넓게는 문화와 예술분야에서 창작되거나 상품화되어 유통되는 모든 단계의 산업을 의미한다.[6)]

우리나라는 2002년 1월 개정된 문화산업진흥기본법 제2조 1항에서는 문화산업을 문화상품의 개발, 제작, 생산, 유통, 소비 등과 이에 관련된 서비스를 행하는 산업으로, 그리고 문화예술진흥법 제2조 2항에서는 문화산업을 문화예술의 창작물 또는 문화예술용품을 산업의 수단에 의하여 제작·공연·전시·판매를 하는 업으로 규정하고 있다.[7)]

문화의 정의는 복잡하고 광범위한 것처럼 문화산업(Cultural Industry)을 정의하기란 쉽지 않으며 나라마다 다르게 조금씩 다르게 인식하고 있다.

영국에서는 문화산업을 개인적 창의성, 기술, 능력을 바탕으로 지적재산이 개발되고 이에 따른 부와 고용창출이 가능한 창조산업으로, 프랑스에서는 창작활동을 기반으로 한 모든 분야의 산업으로 간주하고 건축, 박물관 등을 포함하고 국민적 연대감 및 소속감을 형성하는 산업으로 인식하고 있다. 실제로 프랑스 박물관에서는 유명화가의 그림이 들어간 생활용품 등을 아트상품화

---

5) 김재범, 문화산업의 이해, 서울경제경영, 2005. p.3.

6) 상게서, p.4.

7) 김재범 전게서, 4~5쪽. 문화예술진흥법 제2조에서 문화예술이라 함은 문학, 미술, 음악, 무용, 연극, 영화, 연예, 국악, 사진, 건축, 어문 및 출판 등을 포함. 이러한 정의는 문화예술의 범위를 규정하고 문화예술의 창작물 또는 문화예술품을 산업의 수단에 의하여 제작, 공연, 전시, 판매를 하는 업으로 규정. 또한 1970년 유네스코는 '인쇄자료 및 문헌, 음악, 라디오 및 TV, 영화, 사진, 문화유산, 공연예술, 시각예술, 체육활동, 문화의 일반운영'을 문화산업으로 분류.

하여 박물관이 주관하여 제작 유통하고 있다.[8)]

중국에서는 문화산업을 문화의 대중화, 사회화 과정에서 나타난 상품으로 인식하고 개혁과 개방의 시장경제체제 하에서 또 다른 부가가치 산업으로 인식하여 육성하고 있다. 애니메이션에서 발전하여 캐릭터 상품화하고 게임 등으로 이어지는 연결효과를 극대화하여 시너지효과를 창출하는 일본은 문화산업을 관광, 정보통신 등 다양한 산업과 매체의 기초 콘텐츠의 기능을 하는 높은 부가가치 산업으로 인식하고 있다.

미국은 문화산업을 인간 활동의 형태로서 창조적 활동으로 구체화 되고 형성화된 미적작품 즉 'Fine Arts'가 상업적으로 큰 이익이 가져오며 경제적 파급효과에도 영향을 주는 것으로 인식하고 있다. 이와 같이 각 나라마다 상이한 개념을 가지고 있는 가운데 우리나라에서는 문화산업진흥기본법과 문화예술진흥법에 문화산업이란 용어가 다음과 같이 규정되어 있다.[9)]

문화산업진흥기본법 제 2조 1항에 의하면 문화산업을 문화상품의 기획・개발・제작・생산・유통・소비 등과 이에 관련된 서비스를 행하는 산업으로 예술성・창의성・오락성・여가성・대중성 결합되어 경제적 부가가치를 창출하는 캐릭터, 애니메이션, 디자인(산업디자인 제외), 광고, 공연, 미술품, 공예품과 관련된 산업, 영화와 관련된 산업, 출판・인쇄물・정기간행물과 관련된 산업, 음반・비디오물・게임물과 관련된 산업, 문화재와 관련된 산업, 방송영상물과 관련된 산업이라고 규정하고 있다. 또한 문화예술진흥법 제2조 2항에 의하면 문화산업을 문화예술의 창작물 또는 문화예술 용품을 산업의 수단에 의하여 제작・공연・전시・판매를 업으로 영위하는 것으로 예술 산업을 중심으로 규정하고 있다.[10)] 즉, 문화산업이란 문화적 요소가 체화되어 경제적 부가가치를 창출하는 유, 무형의 재화와 서비스 및 이들의 복합체를 문화상품이라 하면, 이것의 생산, 유통, 소비와 관련된 산업이 문화산업이다.

---

8) 대한무역투자진흥공사, 「21세기 신산업, 문화를 수출한다」(현안리포트 00~03) p. 4~8.

9) 문화관광부, 2003문화산업백서, 2003 참조.

10) 문화관광부, 2004문화산업백서, 2004 참조.

03 문화산업의 범위

문화산업은 아직 개념이 아직까지 정확하게 규정되어지지 않았으나 일반적으로 지식과 문화에 관련된 다양한 산업들을 포함하는 개념으로서 그 규모는 상당히 광범위하다. 이런 관점에서 문화산업은 문화자원을 활용하여 기업 이윤을 발생시키는 산업 혹은 문화를 핵심역량으로 하여 부가가치를 창출하는 산업이라고 정의되어 지기도 한다.[11)]

문화산업은 그 상품을 생산하는 기업이나 나라의 문화적요소와 가치관, 사고방식, 기술적 요소 등을 상품화 한 것으로 각 나라마다 문화산업에 대한 범위는 상이하다. 우리나라에서는 문화산업을 문화상품의 생산 · 유통 · 소비와 관련된 산업으로 정의 하고, 출판, 음반, 게임, 영화, 방송, 공연 등을 문화산업으로 간주하고 있다.

영국에서는 문화산업을 개인의 창의성, 기술, 재능 등을 이용해 지적재산권을 만들고 이를 상업적으로 활용함으로써 경제적 부가가치와 고용 창출을 가져오는 모든 산업 활동으로 정의한다. 그리고 TV, 라디오, 소프트웨어, 출판, 공연예술, 음악, 레저 소프트웨어, 영화, 패션, 디자인, 공예, 미술, 골동품, 건축, 광고 등 문화관련 산업이 개인의 창의성을 바탕으로 이루어진다는 것을 강조하여 창조산업(Creative Industry)이라고 표현하고 있다.

미국은 최근 정보서비스의 중요성을 반영하여 출판, 영화 및 음반, 방송 및 통신, 정보처리서비스 등을 정보산업으로 분류하여 문화산업의 정보콘텐츠, 추세를 반영하고 있다. 프랑스는 창작활동을 기반으로 한 모든 분야의 산업으로 간주하고 영화, 공연(음악포함), 시청각, 박물관 및 문화유산, 멀티미디어, 출판, 신문, 순수미술, 응용미술 등으로 분류하고 있다. 중국은 문화산업에 대한 체계적 분류가 아직 미흡하나 문화산업을 문화의 대중화, 사회화 과정에서 나타난 상품으로 인식하고 개혁과 개방의 시장경제체제 하에서 또 다른 부가가치 산업으로 인식, 육성하고 있다. 이에는 방송, 영화, 신문, 출판, 만화, 캐릭터, 게임, 음반, 제조 등이 포함된다. 일본은 문화청이 지정한 미디어 예술

11) 조동성, 국가경쟁력과 문화예술의 역할, 문화관광정책연구협의회, 2002, p.12.

컴퓨터 그래픽, 게임, 만화, 애니메이션, 영화 등으로 분류하고 있으며, 미국은 영화, 유/무선콘텐츠, 음악, CD, DVD, VCD, 오락, 출판, 방송 등으로 분류하고 있다. UNESCO에서는 형체가 없고 문화적인 콘텐츠를 창조, 생산, 상업화하는 산업을 문화산업(Cultural Industry)으로 정의하고 이러 한 콘텐츠는 저작권에 의해 보호되는 상품이나 서비스의 형태라고 개념하고 있다.12)

일반적으로 문화산업의 분류는 각 국가 또는 기관에 따라 모두 조금씩 다르게 정의되고 있는 실정으로 문화산업의 분류는 다음과 같다.

[표 1-1] 문화산업분류의 비교

문화산업 기본법	문화관광부 (10대분류)	SIC 8차 개정 특수목적분류	유네스코 분류(11개)	캐나다	호주
출판	출판(신문)	출판, 인쇄	인쇄자료 및 문헌	문학	문학
음반	음반	음반	음악	음악	음악
미술품 전통공예품		공예품	시각예술		
공연		공연	공연예술	공연예술	공연예술, 음악과 공연서비스
영화 비디오	영화, 비디오 (애니메이션)	영화, 비디오	영화	(시각예술) 영화, 비디오	영화, 비디오
방송	방송	방송	텔레비전	TV, 라디오	TV, 라디오
광고	광고	광고, 사진			
게임 멀티미디어 콘텐츠	게임	게임			
문화재 관련사업		문화관련사업 (도서관, 박물관)	문화유산	문화재, 박물관, 도서관, 미술관,	문화재, 박물관, 도서관, 미술관, 기록물
캐릭터	광고				
		관련교육 서비스업, 건축조경설계, 전문디자인	사회문화활동, 체육활동, 자연환경문화의 일반운영	지역문화활동, 교육, 축제와 문화행정, 체육, 오락, 건강, 자연환경	시각예술(디자인, 축설계포함, 지역문화활동, 교육, 축제와 예술행정, 스포츠, 오락, 동식물원)

자료 : 문화관광부, 지역별 문화산업단지 조성사업의 조정 및 지원기준 설정에 관한 연구, 2002, 산업연구원, 문화산업과 도시발전, 2001.

12) 김의준, 문화콘텐츠산업의 경제적 파급효과, 한국문화콘텐츠진흥원, 2004와 구문모, 영화음반산업의 현황과 발전방안, 산업연구원, 1999 참조.

04 문화산업의 특성

문화산업은 문화적 요소가 체계화되어 경제적 부가가치를 창출하는 유, 무형이 재화와 서비스, 정보 및 이들의 복합체의 생산 및 유통, 소비와 관련한 산업으로 문화와 예술을 상품의 소재로 삼되 그것을 시장에서 교환 및 거래하는 산업활동인 것이다.[13] 따라서 문화산업은 일반적인 제조업이나 여타 산업들과는 구별되며 매우 독특한 형태의 산업이라고 할 수 있으며, 수요과정에서는 특정 집단을 대상으로 하기도 하지만, 보다 일반적으로는 다수 문화 대중들이 수요에 대응하려는 한다. 이러한 문화산업은 다음과 같은 특성을 가지고 있다.

첫째, 그 어느 산업보다 창의성이 강조된다. 장인이 예술품을 창작하거나 유명한 영화감독이 영화를 기획할 때 그것이 대부분 정형화될 수 없는 창의성으로부터 시작하는 것이다. 따라서 문화산업은 경제학이론에서 설명되어지는 이른바 지대(rent)의 개념이 적용되어 창의력에 기반한 높은 부가가치가 형성되는 산업이다. 그러므로 문화산업은 지식산업 중에서도 창의력이 가장 강조되는 산업이다.

둘째, 단선적인 유통경로를 가지고 있는 일반상품과는 달리 다양한 경로로 접목되어 있고 그 유통과정이 거듭할수록 무한한 수요가 창출된다. 문화산업은 미디어 기술의 접목으로 하나의 콘텐츠를 제작하면 이를 단계별 유통과정을 통해 분배하면서 오랜 기간 동안 투자수익이 발생하는 산업이다.

셋째, 윈도우효과(Window Effect)이다. 윈도우효과란 원래 사용했던 매체에서 다른 매체로 복제하여 소비자에게 전달되는 과정, 혹은 하나의 문화상품으로써 여러 가지 용도로 사용하는 경우를 의미한다. 일반적으로 다른 상품들은 한번 제작, 유통, 소비의 단계를 거치고 그 영역에서 수명을 다하지만, 문화산업은 하나의 문화상품이 한 영역 속에서 다른 문화산업의 영역에서 재창조되어 또 다른 가치창출을 용이하게 해 주는 특성이다.

넷째, 망외부성(Network externalities)이다. 망외부성이란, 어떤 상품을 사

---

13) 권오혁, 김홍석, 지방문화산업육성방안, 한국지방행정연구원, 2000, p.27.

용하는 사람들이 많으면 많을수록 그 상품의 가치가 증가하는 현상을 의미한다. 사용하는 사람이 많으면 많을수록 그 효용이 증가하여 망외부성이 존재한다. 여러 소프트웨어나, 온라인 게임, 각종영상물, 디지털콘텐츠, 영화 및 음악 등 문화산업 요소들도 많은 사람들의 사용 및 경험으로 인하여 그 효용이 증가하고, 뿐만 아니라 또 다른 소비의 유발요인을 가져온다.[14]

다섯째, 지식기반산업이다. 정보통신의 발달 및 기술개발로 정보력이 경쟁력이 된 지식정보화 사회에서는 문화산업이 석유, 석탄, 등 천연자원이 핵심요소가 아닌 지식이 핵심요소로서 작용을 하는 산업이다.[15]

여섯째, 저작권산업이다. 일반적 상품들은 그 외형이나, 특성이 같을 수 있으나 문화산업에서 지적재산권문제는 중요하며, 특히 저작권의 문제도 중요시 된다.[16]

일곱째, 기술진보에 따른 문화상품의 대량화이다. 과거 미술품은 캔버스나, 화선지등에, 영상물은 극장이나 텔레비전에서, 책은 서점에서, 음악은 음반가게에서만 구입 가능 하거나 한정된 공간에서 표현 되었으며, 한정된 수량만 공급되었다. 뿐만 아니라 그 전시공간이나 제품도 한정적이어서 일반 대중들이 쉽게 접하거나 소비하기 쉽지 않았다. 그러나 최근에는 기술발달로 인한 대중매체의 발전 및 정보통신의 발달로 더 이상 문화는 일부 극소수에 국한되지 않으며, 뿐만 아니라 제품의 대량화가 가능해졌다.[17] 예를 들어 미술품은 더 이상 화랑이나 기타 특정 장소에서만 관람 가능한 것이 아니라 인터넷 공간, 생활 속 제품들 등 여러 곳에서 쉽게 접할 수 있게 되었으며, 영상물도 극장에서만 소비하던 시대는 지나고 공간 구애받지 않고는 DMB폰이나, 컴퓨터, DVD등을 통하여 영상물의 소비가 가능해 졌다.

여덟째, 문화산업은 엄청난 부가가치를 창출할 수 있는 새로운 산업이다. 자본, 노동 집약적인 산업들 보다 적은 자본과 노동으로 최대의 수익률을 창출할 수 있는 산업이며, 고용 창출적 측면에서도 타 산업에 크게 뒤지지 않으

---

14) 김재범, 전게서, p.11.
15) 레스터서로우, 경제탐험, 이진출판사, 1999, p.14.
16) 김재범, 상게서, p.11.
17) 김재범, 상게서, p.13.

며, 타 산업에 미치는 파급효과 또한 크다.

아홉째, 문화산업은 미래형 산업이라는 점과 타산업보다 상대적으로 환경 친화적 산업이고 고 부가가치 산업으로서의 잠재력이 크며, 타 산업에 비해 상대적으로 짧은 유생 생애주기를 가지고 있다. 문화상품의 수요자들은 새롭고 특이한 것에 이끌리고 점차 익숙해지면 싫증을 느끼는 경향이 있기 때문이다.[18)]

열째, OSMU(One-Source Multi-Use)이다. 이것은 하나의 원천 컨텐츠가 게임, 만화, 영화, 캐릭터, 소설, 음빈 등의 여리 가지 2차 문화상품으로 파급되어 하나의 흥행이 2차 상품의 수익으로까지 이어지는 문화 상품만이 가진 연쇄적인 마케팅 효과이다. 이것의 효과는 제품이나 서비스의 인지도를 높이기 위해 사용되는 마케팅 비용을 상대적으로 줄일 수 있을 뿐 아니라 한 장르의 성공이 다른 장르의 문화상품 매출에도 영향을 끼친다는 점에서 문화 컨텐츠의 핵심 마케팅 전략으로 자리 잡고 있다.

열한째, OBMU(One-Brand Multi-Use)이다. 이것은 하나의 문화 컨텐츠를 게임, 출판, 임반, 영화, 애니메이션 등으로 동시에 발표하여 시너지 효과를 겨냥한 마케팅 전략이다. 이러한 전략은 미디어 믹스 전략이라 불리기도 한다. 영화 매트릭스, 해리포터 등이 게임과 애니메이션 등의 동시발매로 성공을 거둔 것을 예로들 수 있다.

마지막으로, 시장적 특징이 있다. 이것은 국가경제와 소비자경제가 선진국화 되면서 두드러지게 발전 하며 매개체로 하여금 생산과 소비가 동시에 이루어지는 서비스상품적인 즉시재의 성격과 반복적인 경험을 통해 일정한 기호가 형성될 때 비로소 소비가 시작되는 경험재의 성격을 가지고 있다는 것이다. 다시 말해, 문화상품에 대한 기호는 후천적으로 개발, 교육되기 때문에 상품 자체가 타 상품에 쉽게 대체되지 않는 비대체성의 특징을 갖으며 성공확률은 낮으나 한번 성공하면 높은 수익이 보장되는 특징을 가지고 있다.

문화산업은 국가기반산업의 핵심 분야이다. 문화산업의 본거지인 영국뿐만 아니라 미국, 일본, 중국 등 대부분의 국가들은 문화산업에 대한 관심이 고조되

---

18) 장성욱, 지방문화산업 발전방안에 관한 연구, 2002, pp.6~8.

면서 문화산업의 전략적인 육성과 개발은 국가발전의 원동력이며 지역발전의 모태가 될 것이라 확신하고 있다. 특히 문화산업은 일반 재화와는 달리 정신적 욕구의 충족을 위한 수단으로 작용하는 면이 많기 때문에 문화산업의 발전은 곧 지자체 전체 주민의 삶의 질 향상이라는 주제와 직결되는 측면이 강하다.

[표 1-2] 각국의 문화산업의 경제적 파급효과][19)]

국 별	내 용
미국	문화 컨텐츠 사업의 수익 : 2002년 GDP의 5%(약 5, 000억 달러) * 쥬라기 공원(영화) 6, 500만 달러 투입 →13배 수익발생 (엘란트라 150만대 수출 2년간 수익) →20배의 흥행 수입, 비디오, 게임 등 추가 수익
영국[20)]	- 연간 문화산업 매출액이 GDP의 16% (약1, 800억 달러) - 고용창출 : 고용인구 7% 이상을 차지하는 200만개 일자리 - 오페라의 유령 : 약 30조원의 수익 발생
일본	- 일본 애니메이션 : 2002년 미국에서 벌어들인 수익 44억 달러 (일본이 대미 철강 수출의 3.2배)

〈반지의 제왕〉

소설 → 영화 → 게임, 캐릭터, 관광

□ 뉴질랜드의 영화「반지의 제왕」촬영에 따른 경제효과(2006)

- 관광객 연평균 5.6% 증가
- 영상산업 146% 성장
- 고용창출 약 2만명

〈자료 : 연합뉴스, 2008. 12. 22일자〉

---

19) 김삼환, 문화산업진흥기금 운용 방안 연구, 중앙대학교 예술대학원 석사학위논문, 2005, p.49.

20) 최근 성장동력이 혁신에서 창의성으로 대체되면서 창의성이 국가 경제발전의 원동력으로서 창조 경제(Creative Economy)의 토대가 되고 있으며, 지속가능한 미래 성장모델로서 대안으로 부상하고 있다. 이에 따라, 영국의 Creative Britain, 미국의 Creative America, 중국의 文化創意産業 등 창조 산업(Creative Industry)을 국가전략산업으로 적극 육성하고 있다(영국의 성공신화를 이룬 창조산업의 예로 해리포터시리즈, 패션디자이너 폴 스미스, BBC 인기 방송 프로그램인 doctor who, 그리고 테이트모던 미술관, 웨스트엔드 뮤지컬 등이 있음).

문화산업은 영화, 게임, 음반, 애니메이션. 캐릭터, 출판 등 다 양한 관련 산업으로 확장되어 부가가치를 창출한다. 특히 디지털 기술의 발전과 인터넷 확산으로 문화콘텐츠산업의 제작 공정, 유통구조 등 가치사슬 전반에 걸쳐 디지털화가 급속히 진전됨에 따라 장르와 형태에 관계없이 DMB[21], IPTV[22] WiBro[23] 등 방송・통신 분야에서 기존 서비스와 새로운 영역의 서비스가 융합되고 있다[24].

이러한 특성을 지닌 문화산업은 문화・예술・정서 등 문화요소를 통하여 창조한 산업으로 여러 가지 복합적인 요소가 존재하여 파급효과가 빠르다.

05 문화산업의 역할

1) 고용 창출

문화산업의 발전은 그 산업 자체의 성장으로 인한 직접적인 고용창출 효과뿐만 아니라, 문화상품 개발의 원천이 되는 문화・예술활동의 활성화와 여타 산업의 문화화를 가져와 간접적인 고용유발효과도 기대할 수 있다. 특히 문화산업은 서유럽에서는 전체 고용의 약 5%, 미국은 약 20%가 문화산업으로부터 일자리가 창출될 정도로 이제 문화산업은 한 나라 경제성장의 주요 원동력이 되고 있는 것으로 평가되고 있다.[25]

---

21) Digital Multimedia Broadcasting(디지털 멀티미디어 방송) : 음성, 영상 등 다양한 멀티디디어 신호를 디지털 방식으로 변조하여 고정 또는 휴대용・차량용 수신기에 제공하는 방송서비스로, '손 안의 TV'라 불림.

22) Internet Protocol Television(인터넷 프로토콜 텔레비전) : 초고속 인터넷을 이용하여 정보서비스, 동영상 콘텐츠 및 방송 등을 TV로 제공하는 서비스로 인터넷과 TV의 융합상품. 다양한 방송콘텐츠를 원하는 시간에 시청할 수 있고 인터넷 검색, 메신저, 쇼핑, 게임 등 양방향 서비스 사용이 가능.

23) Wireless Broadband Internet(무선 초고속 인터넷) : 노트북, PDA 등 휴대 단말기를 이용하여 정지 및 이동 중 언제, 어디서나 고속 의 전송속도로 인터넷에 접속하여 다양한 정보 및 콘텐츠 사용이 가능한 초고속 인터넷서비스.

24) 한국은행, 문화콘텐츠산업의 현황과 과제. 2009.1, pp.10-12.

25) A. C. Pratt, "Employment in the Cultural Industries Sector : A Case Study of

2) 지역개발에 기여

한 지역에 존재하는 문화자산의 보존 및 활용, 다양한 문화활동 등은 문화산업의 발전을 촉진하는 밑거름이 된다. 또한 지역의 독특한 문화적 기반은 그 지역에게 역동적인 이미지를 제공하고 외부로부터 인재와 투자를 유입시켜 지역 개발과 경쟁력 제고에 커다란 기여를 하게 된다.

애니메이션산업으로 명성을 얻고 있는 프랑스의 앙굴렘시는 25년 전에 처음으로 연재만화 박람회를 개최하였다. 그 지역의 예술학교에서는 만화작업실을 개설하였고 그 후 국립만화 및 이미지센터를 건립하였다. 점차 시간이 가면서 앙굴렘시는 만화전문기업들을 탄생시켰을 뿐 아니라 이제는 더 나아가 만화를 수출하고 만화관련 전문가를 양성하는 국제적인 도시로 자리잡게 되었다.

최근 영국 셰필드의 중심부에 있는 문화산업단지(Cultural Industries Quarter)와 버밍검, 리버풀, 맨체스터 등의 도심에 설립되어 있는 미디어 지역들, 그리고 미국 뉴욕의 실리콘 앨리(Silicon Alley) 등은 지역의 문화예술이 그 지역의 경쟁력을 높일 수 있는 수단으로 활용되고 있어 고용기회와 엔터테인먼트 장소 및 쇠퇴해 가고 있는 산업도시의 재활성화의 핵심요소를 제공하고 있다.

3) 삶의 질 향상

한 나라 또는 한 지역의 문화활동과 문화산업의 발전은 경제적 차원을 넘어서 그 지역에 거주하는 사람들의 혁신성, 창의성 및 다양성 개발에 기여하는 한편, 지역의 정체성을 높이며 주민의 문화적 정서 함양에 도움을 준다. 문화활동과 문화산업의 활성화는 폭발적으로 늘어나고 있는 문화에 대한 수요를 충족시키는 동시에 거주공간의 질적 개선과 기업활동의 창의력 제고에도 기여하며 나아가 국가 이미지 개선에 보탬이 될 수 있다.

Britain, 1984~91", *Environment and Planning,* Vol. A, 1997. 그는 영국에서 문화산업 부문이 1991년에 전체 고용의 약 4.5%를 차지하고 있으며, 문화산업에 스포츠와 관광부문을 포함하면 11.3%를 점유하는 것으로 추정하고 있음.

06 문화상품의 개념과 특성

1) 문화상품의 개념

문화상품이란 문화산업진흥기본법상 문화적 요소가 체화되어 경제적 부가가치를 창출하는 유·무형의 재화(문화 관련 콘텐츠 및 디지털문화콘텐츠를 포함)와 서비스 및 이들의 복합체를 말한다. 여기서 콘텐츠란 부호·문자·음성·음향 및 영상 등의 자료 또는 정보를 말하며, 디지털콘텐츠란 부호·문자·음성·음향 및 영상 등의 자료 또는 정보로서 그 보존 및 이용에 효용을 높일 수 있도록 디지털 형태로 제작 또는 처리한 것을 말한다. 디지털문화콘텐츠란 문화적 요소가 체화되어 경제적 부가가치를 창출하는 디지털콘텐츠를 말한다.[26)]

컬덕트 CulDuct (=Culture + Product)

문화(culture)와 제품(product)의 합성어인 컬덕트는 문화가 체화된 상품, 혹은 문화융합상품을 뜻한다. 컬덕트는 작게는 기업의 제품이나 브랜드에 적용된 예술상품(art product)부터 크게는 어떤 제품이 특정 집단의 문화(lifestyle)의 상징(symbol)으로 발전한 상태를 뜻하기도 한다.

반항과 자유의 젊은이들이 선호하는 오토바이 '할리데이비슨', 인종차별적인 이미지를 전면에 부각시킨 의류메이커 '베네통', 품격있는 테이크 아웃 커피 문화를 전파시킨 '스타벅스', 청춘남녀의 통신 서비스 브랜드인 SK 텔레콤의 'TTL', 보스턴 명문가 자녀의 라이프스타일을 내세운 에이션 패션의 '폴햄'.

문화상품은 공공재(Public goods)로써의 특징을 갖는다.[27)] 그리고 대중성과 상업성을 목표로 대량생산과 대량복제를 하는 문화상품일수록 이러한 특성이 강하다고 볼 수 있다. 혹자에 따라서는 문화상품의 이러한 특징 때문에 혼합재로 정의하기도 한다.

---

26) 김영순, 문화콘텐츠학의 탁생, 2005, pp.25-27.

27) 피카드(R G Picard)는 현대 문화상품의 주종을 이루는 미디어상품 중에서도 텔레비전 방송, 케이블 프로그램, 영화, 라디오방송 등을 대표적인 공공재로 분류함.

문화산업진흥기본법의 문화산업 관련 용어의 정의

1. "문화산업"이라 함은 문화상품의 개발 · 제작 · 생산 · 유통 · 소비 등과 이에 관련된 서비스를 행하는 산업으로서 다음 각목의 1에 해당하는 것을 포함한다.
   가. 영화와 관련된 산업
   나. 음반 · 비디오물 · 게임물과 관련된 산업
   다. 출판 · 인쇄물 · 정기간행물과 관련된 산업
   라. 방송영상물과 관련된 산업
   마. 문화재와 관련된 산업
   바. 예술성 · 창의성 · 오락성 · 여가성 · 대중성(이하 "문화적 요소"라 한다)이 체화되어 경제적 부가가치를 창출하는 캐릭터 · 애니메이션 · 디자인(산업디자인은 제외한다) · 광고 · 공연 · 미술품 · 공예품과 관련된 산업
   사. 디지털문화콘텐츠의 수집 · 가공 · 개발 · 제작 · 생산 · 저장 · 검색 · 유통 등과 이에 관련된 서비스를 행하는 산업
   아. 그밖에 전통의상 · 식품 등 대통령령으로 정하는 산업
2. "문화상품"이라 함은 문화적 요소가 체화되어 경제적 부가가치를 창출하는 유 · 무형의 재화(문화관련 콘텐츠 및 디지털문화콘텐츠를 포함한다)와 서비스 및 이들의 복합체를 말한다.
3. "콘텐츠"라 함은 부호 · 문자 · 음성 · 음향 및 영상 등의 자료 또는 정보를 말한다.
4. "디지털콘텐츠"라 함은 부호 · 문자 · 음성 · 음향 및 영상 등의 자료 또는 정보로서 그 보존 및 이용에 효용을 높일 수 있도록 디지털 형태로 제작 또는 처리한 것을 말한다.
5. "디지털문화콘텐츠"라 함은 문화적 요소가 체화되어 경제적 부가가치를 창출하는 디지털콘텐츠를 말한다.
6. "멀티미디어콘텐츠"라 함은 부호 · 문자 · 음성 · 음향 및 영상 등과 관련된 미디어를 유기적으로 복합시켜 새로운 표현 및 저장기능을 갖게 한 콘텐츠를 말한다.

2) 문화상품의 특성[28)]

문화상품은 크게 5가지의 특성을 지니고 있다. 우선, 소비의 비반복성이다. 이는 단 1회의 소비로 그 상품에 대한 소비자 개개인의 수요가 종결됨을 의미하며 따라서 제품의 수명이 공산품 등과 달리 짧다. 이로 인해 한 상품의 시장에서의 성공여부는 다른 소비재와 달리 단시간에 판명되며, 성공할 경우 소위 '히트', '대박'이라고 할 정도로 엄청난 판매량을 달성 가능성도 높고 반대로 실패할 확률도 높게 되는 것이다.

---

28) 김소영 외, 문화상품 품질인증제 도입을 위한 기초연구, 한국문화관광정책연구원, 2002의 내용 중 일부를 재구성한 것임.

또한 수요의 소득탄력성이 큰 사치재라는 점도 문화상품의 특성으로 들 수 있다. 이는 소비자의 소득수준에 따라 문화상품의 수요가 크게 영향을 받는데 소득수준이 낮을 경우 문화상품의 구매는 낮아지며, 소득이 높아질수록 구매 가능성은 높아진다.

한편, 문화상품은 부분적 공공재로서의 특성을 지니는 바, 소비의 비배제성과 비경합성이라는 공공재적 성격을 부분적으로 갖고 있는 혼합재이다.

소비의 측면에서 문화상품의 공공재 특징은 우선 소비대상이 되는 재화나 용역이 개인에 의하여 배타적으로 소비될 수 없다는 것이다. 텔레비전 프로그램은 어느 개인이 배타적으로 소비할 수 없으며, 일단 공급되면 그 혜택으로부터 개인이나 집단을 배제할 수 없다. 또한 소비에 있어서의 비경합성이다. 비경합성이란 소비자들이 다른 소비자의 소비를 저해하지 않고 동시에 소비할 수 있는 것으로 공공재의 소비에 한 사람을 추가했을 때 이에 다른 한계비용은 영(Zero)이다. 예컨대 텔레비전프로그램은 타인에게 피해를 주지 않고 모든 사람이 동시에 즐길 수 있으며 한 사람이 더 시청한다고 해서 추가적인 비용이 발생하지 않는다. 따라서 소비에 있어서 무임승차(Free Riding)의 문제가 발생한다.

그리고 문화상품은 경험재로서의 특성도 지니는데, 이는 구입 이전에 그 재화의 품질을 제대로 파악할 수 없다. 생산자와 소비자간에 취할 수 있는 정보의 비대칭성 때문에 소비자는 상품의 품질에 관한 정보 수집에 따른 비용 때문에 전문가의 비평이나 TV, 라디오와 같은 방송 미디어에 의존하며, 또는 과거의 소비 경험을 이용하여 상품을 구입한다.

마지막으로 문화상품은 무형성(intangibility)을 띈다. 이러한 무형화는 최근 문화상품의 디지털화가 진행되면서 더욱 활발해지고 있다. 기존의 문화상품이 대부분 영화 릴(reel), 비디오 테이프, 서적 등의 매체를 중심으로 소비되었다면, 현재의 문화상품은 디지털기술의 도움으로 매체보다는 지적재산권의 대상이 되는 콘텐츠가 중요시되고 콘텐츠 자체가 소비의 중심을 이루고 있다.

문화상품은 일반상품과 달리 거래가 가능하고 소비자가 직접적으로 접하는 유형의 상품이나 전통 문화와 이미지를 내포하고 있기 때문에 이는 무형의 상품으로서 정신적 가치를 포함하는 특성이 있다. 또한 문화상품은 문화적 자원을 바탕으로 하고 있는 문화산업의 유형적인 결과물의 한 형태로서 아이디어 상품이다. 뿐만 아니라 각 나라의 문화와 전통적인 이미지를 전달을 목적으로 하는 고유한 문화상품이기 때문에 급변하는 세대의 트렌드에 맞추어 개발된 상품으로서 일반상품에 비해 단기성 상품임에 차이가 있다.

문화상품이라 함은 문화적 요소가 체화되어 경제적 부가가치를 창출하는 유·무형의 재화(문화관련 콘텐츠 및 디지털문화콘텐츠를 포함한다)와 서비스 및 이들의 복합체를 말한다. 여기서 콘텐츠라 함은 부호·문자·음성·음향 및 영상 등의 자료 또는 정보를 말하며, 디지털문화콘텐츠는 문화적 요소가 체화되어 경제적 부가가치를 창출하는 디지털콘텐츠를 말한다.

참고 1 – 킬러콘텐츠

정부가 만화, 애니메이션, 캐릭터산업 등을 집중 육성함으로써 한국을 세계 5대 콘텐츠 강국으로 육성하겠다는 100년 감동 킬러콘텐츠 육성전략을 발표했다. 당찬 계획이다. 소프트 파워, 콘텐츠 파워, 브랜드 파워가 강조되는 요즘 여간 반가운 소식이 아닐 수 없다. 과학기술 분야에는 이른바 킬러 애플리케이션(Killer Application), 줄여서 킬러 앱이란 용어가 있다. 스타크래프트, MP3, 디카, 휴대폰과 같이 시장에 출시되자마자 경쟁 상품을 몰아내고 시장을 완전히 지배하는 발명품을 일컫는 말이다. 이런 신기술들은 하나같이 개발한 사람의 의도보다 훨씬 큰 정치, 경제, 사회, 문화적 폭발력을 갖는 공통점이 있다.

이런 킬러 앱을 문화·콘텐츠 분야에 적용한 것이 바로 킬러콘텐츠다. 이른바 문화 선진국들은 내로라하는 킬러콘텐츠를 가지고 있다. 미국의 할리우드와 디즈니, 일본의 온라인 게임과 망가(漫畵), 프랑스의 사치재 산업이 대표적인 예다. 실제 80년 역사를 자랑하는 미키마우스는 단순한 캐릭터 하나로 전 세계의 정신적·문화적 권력으로 자리매김한 지 이미 오래다. 또 일본의 온라인 게임은 닌텐도라는 이름으로 전 세계 어린이들을 사로잡았고, 프랑스의 와인과 향수는 매혹적인 문화상품으로 세계인들을 유혹하고 있다.

물론 우리나라도 '한류'란 문화코드를 가진 것은 사실이다. 그러나 우리가 자랑하는 한류는 아직까지 '킬러'라는 수식어를 붙이기에는 역부족인 듯하다. 대표적인 한류상품인 '겨울연가'를 통해 KBS는 270억원을 벌었지만, 일본은 1조2000억원을 벌어들인 것이 우리 문화콘텐츠 시장의 현실이다.

삼성의 브랜드 가치가 120억달러이고, 곰돌이 푸우의 브랜드 가치가 170억달러라는 기사를 보면서 왜 우리는 이런 문화가치 생산에 뒤질까라는 생각을 한 적이 있다. 그러나 1700년 전 일본 아스카 문명을 꽃피운 백제의 왕인(王仁)과 욘사마의 인기를 능가했던 조선 통신사들은 이미 강력한 콘텐츠 파워와 브랜드 파워를 바탕으로 그 시대의 킬러콘텐츠를 생산해냈다. 또 최근에는 세계 각국에서 검증된 것처럼, 우리 드라마와 먹거리는 물론 한글디자인까지 매력적인 문화상품으로 전 세계인의 주목을 받고 있다.

하지만 우리 문화콘텐츠가 킬러콘텐츠로 거듭나기 위해서는 아직까지 해야 할 것이 많다. 창의적인 문화콘텐츠의 생산은 물론 철저한 사전기획과 마케팅 역량을 함께 키워야 한다. 프랑스의 문화비평가 기 소르망은 문화콘텐츠, 브랜드가치와 같은 소프트 파워가 글로벌 시장을 지배할 것이라고 주장했다. 머지않은 장래에 우리의 독창적인 문화콘텐츠가 글로벌 시장의 킬러콘텐츠로 자리매김하는 날을 기대해본다. 〈서정돈, 한경에세이, 한국경제신문, 2008.12.8〉

참고 2 – '겨울연가' 이후의 빈곤

겨울연가'와 '대장금'으로 정점에 달했던 한류 열풍이 3~4년 전부터 시들해졌다. 드라마와 영화의 해외 수출이 고전을 면치 못하고 있고, 문화산업 수지(收支)는 매년 악화되고 있다.

'비'와 같은 대형 가수도 아시아 시장에서는 성공적인 활동을 이어가고 있지만, 세계 콘텐츠 시장의 중심축이라 할 수 있는 미국 진출에는 어려움을 겪고 있다. 기초인프라가 비교적 튼튼하다는 애니메이션 분야에서도'뽀롱뽀롱 뽀로로'나 '뿌까'와 같은 애니메이션과 캐릭터 상품이 산발적으로 국제 무대에서 주목을 받기는 했지만, 일본 애니메이션에 비하면 크게 떨어지는 수준이다. 그 원인은 문화 콘텐츠를 국가의 새로운 성장산업으로 키워내려는 구조적이고 체계적인 전략 · 시스템이 부족했기 때문이다.

지금까지 우리 문화산업의 슬로건은'우리 것이 세계적인 것이다'라는 말로 요약할 수 있을 것이다. 그러나 한국 고유의 문화적 상징과 표현만으로는 결코 문화 콘텐츠의 세계화를 이룩할 수 없는 것이 세계 콘텐츠 시장의 냉정한 현실이다. 우리가 아무리 자랑하는 우리 문화라 하더라도 세계 문화와의 접목과 연대가 없다면 공감을 이끌어낼 수 없는 것이다.

21세기는 글로벌시대, 융 · 복합의 시대로 이제는 발상의 폭과 깊이를 완전히 바꿔야 한다. 할리우드에서는 아시아 시장의 잠재력을 주목하면서 적극적으로 아시아에서 콘텐츠를 찾고, 감독과 배우들을 영입해 세계 동시 개봉작들을 잇달아 내놓고 있다. 또한 학계에서도 순수 예술과 디자인, 나노기술, 생명공학, 컴퓨터 프로그래밍, 도시계획 등 너무나도 다양한 분야를 넘나드는 연구들이 하나의 가치 사슬 아래서 융 · 복합화가 이루어지고 있다. 이때 그 매개가 되는 것이 바로 콘텐츠산업이다.

이러한 시대 상황에서 우리 콘텐츠산업이 세계적인 경쟁력을 갖추기 위해서는 보다 근본적이고 체계적인 접근방식이 필요하다. 첫째, 콘텐츠 산업의 R&D 예산을 획기적으로 증액해야 한다. 현재 우리나라의 문화콘텐츠 R&D 사업 예산은 483억원으로 전체 국가 R&D 예산의 0.2%에 그치고 있어 신(新)성장동력이란 말이 무색하다.

둘째, 콘텐츠 분야의 우수 인력에 대해서는 과학기술 분야에 주어지고 있는 프로그램과 같은 다양한 지원 방법이 개발되어야 한다. 다행히 콘텐츠 R&D분야는 특허나 기술이전, 라이선스 계약 등 객관적으로 수치화할 수 있는 확실한 성과 기준이 있기 때문에 투명하고 객관적인 지원이 가능하다. 이렇게 해서 앞으로 콘텐츠 관련 학과는 우리나라 최고의 인재가 모이는 곳이 되어야 한다. 셋째, 콘텐츠산업에 해외 자본 유치를 확대해야 한다. 우리 콘텐츠를 세계 시장에서 제작하고 유통, 배급하는 일관 시스템을 확보하는 현실적인 대안이 그것이다. 우리 내부의 역량만으로 세계 시장을 뚫기에는 한계가 있기 때문이다.

우리나라가 무한의 세계 경쟁에서 살아남기 위해서는 우리 국민의 우수한 창의력을 개발하는 것이 최우선 과제이다. 콘텐츠산업은 그 중추가 돼야 한다. 콘텐츠 산업을 성장 정체에 빠진 한국의 진정한 성장 동력으로 만들기 위해 범국가적인 정책 개발과 결집력이 절실히 요구되는 때이다.

〈김재하, 조선일보, 2008. 10. 15〉

참고 3 – 이야기 산업혁명

이야기 경제에서 드라마와 영화는 더 이상 '이야기'로 끝나지 않는다. 이야기는 소비자의 꿈과 감성을 자극해 새로운 수요를 창출해 낸다. 그리고 소비자는 상상을 현실로 만들기 위해 기꺼이 지갑을 연다. 뉴욕에서는 섹스앤더시티 관광 외에도 시트콤 '프렌즈'나 영화 '시애틀의 잠 못 이루는 밤' '스파이더맨' '수퍼맨' 등 뉴욕을 배경으로 한 이야기가 막대한 관광 수입으로 연결되고 있다. 뉴욕 경제가 이야기 산업으로 벌어들이는 돈은 연간 270억 달러 이상으로 추산된다. 뉴욕시 재정 수입의 약 10%에 해당하는 19억 달러가 이야기 산업에서 나왔다는 통계도 있다.

이야기 산업의 대표적인 수익 모델은 월트디즈니(Walt Disney)다. 덴마크의 미래학자 롤프 옌센(Jensen)은 "디즈니는 구석기시대의 원시인부터 안데르센의 동화를 거쳐 인디언 소녀의 삶에 이르는 수없이 다양한 '이야기'들을 수천 가지 상품으로 만들어 팔아 막대한 이윤을 올리고 있다"고 말했다.

할리우드의 이야기 기업들은 자신의 이야기꾼(storyteller)들이 창조해 낸 다양한 캐릭터와 이야기를 영화 · 애니메이션 · 드라마 · 소설 · 게임 같은 콘텐츠로 재창조한다. 할리우드 이야기 기업들은 애니메이션은 한국에, 컴퓨터 그래픽은 뉴질랜드에, 캐릭터 인형은 중국에 하청을 준다. 이렇게 생산된 콘텐츠는 영화 · TV · DVD · CD롬 · 인터넷 등 가능한 모든 미디어를 통해 전 세계 방방곡곡으로 퍼져 나가며, 여행 코스나 장난감의 모습으로 팔리기도 한다.

우리의 삶은 할리우드가 재생산한 이야기의 산물로 뒤덮여 있다. 아이들은 TV에서 '슈렉' 만화영화를 보고, '파워퍼프걸'이 그려진 운동화와 가방을 메며, '곰돌이 푸우' 이불을 덮고 '백설공주' 이야기를 듣다가 잠이 든다. 그동안 할리우드 이야기 기업들의 지갑은 점점 두꺼워지고 있다.

2006년 디즈니의 매출은 총 353억 달러로, 세계 1위 반도체 기업 인텔(315억 달러)을 추월했다. 영업 수익률은 무려 16%로 인텔(18%)과 맞먹고 도요타(7%)를 압도

한다. 이야기 산업의 폭발적인 성장세는 세계 경제의 큰 흐름을 '정보화 경제'에서 '이야기 경제' 쪽으로 돌려놓고 있다. 이야기 산업의 핵심 분야인 문화 · 콘텐츠 분야를 보면, 2007년 세계 시장 규모가 1조5252억 달러에 달하며, 매년 6~8%씩 급성장하고 있다. 2005년 미국과 영국의 경제 성장률은 각각 3.2%, 1.8%에 불과했지만, 이들의 문화 · 콘텐츠 산업 성장률은 각각 4.8%, 4.3%에 달했다. 제조업이 초고속 성장하고 있는 중국마저 2005년 이야기 산업 성장률(26%)이 경제성장률(10.2%)의 2.5배에 달했다.

세계의 부(富)도 이야기 산업 중심으로 재편되고 있다. '해리포터'의 작가 조앤 롤링(Rowling)이 세계 최고의 부자인 빌 게이츠(Gates) 미국 마이크로소프트 회장보다 더 많은 돈을 벌고 있는 것이 대표적인 사례다. 개인 자산의 총액은 게이츠 회장이 51조원, 롤링이 1조130억원으로 아직 비교가 되지 않는다. 하지만 최근 6년간 재산 증가율은 게이츠가 6.25%, 롤링이 141%였다. 2003년 빌 게이츠는 주식 배당금으로 450억원을 벌었지만, 조앤 롤링은 해리포터 시리즈의 저작권만으로 1000억원을 벌었다. 게이츠가 정보화 경제의 '혁신가'라면, 조앤 롤링은 이야기 경제의 '이야기꾼'이다. 이야기 경제의 부의 증가 속도가 정보 경제의 그것을 압도하고 있다는 것을 의미한다.

정보화 사회가 싹을 틔운 지 20여 년. 다시금 시대의 풍향은 바뀌고 있다. 머지않아 조앤 롤링 같은 이야기꾼들이, 빌 게이츠나 멕시코 통신 재벌 카를로스 슬림(Slim), 인도의 철강 재벌 락시미 미탈(Mittal)의 자리를 대신하게 될 것이다. 이야기가 곧 돈인 세상이 오고 있다. 〈정철환/신지은, 조선일보, 2008.1.1〉

참고 4 – 이야기 자원 전쟁

지금 세계의 이야기 산업 현장에선 이야기 자원 확보를 둘러싼 경쟁이 치열하다. 특히 할리우드는 세계 곳곳에서 헐값에 이야기 자원을 사다가 영화 · 게임 같은 이야기 상품 등으로 재가공, 엄청난 부가가치를 올리고 있다.

예컨대 디즈니가 대박을 터뜨린 애니메이션 '뮬란'은 중국의 설화에서 소재를 구했고, '알라딘'은 아랍, '포카혼타스'는 인디언의 이야기를 각각 따왔다. 특히 세계에서 가장 빨리 성장하는 아시아 이야기 시장을 노린 경쟁이 치열하다. 미라맥스 영화사의 설립자인 와인스타인 형제가 2억8400만 달러 규모의 대형 펀드를 만들어 아시아 이야기를 소재로 영화를 만들겠다는 계획을 발표했다. 이 펀드는 '서유기'를 모티브로 한 '포비든 킹덤(Forbidden Kingdom)', 일본의 명감독 구로사와 아키라의 영화 '7인의 사무라이'의 리메이크작 등을 제작할 예정이다.

또 일본 만화 '드래곤볼'과 '마하고고' 등이 각각 '드래곤볼Z'와 '스피드레이서' 같은 실사(實寫) 영화로 만들어질 계획이고, 카툰네트워크의 세계적 히트작 '파워퍼프걸'은 아시아 시청자들에게 친숙한 캐릭터로 바뀐 '파워퍼프걸Z'로 업그레이드됐다.

소재뿐 아니다. 저우룬파(周潤發), 청룽(成龍), 장쯔이(章子怡) 등 중국계 배우들이 어느새 할리우드 초대형 영화의 주연을 맡고 있다. 한국 배우 중에서도 김윤진씨가 인기 드라마 '로스트'의 주연을 5년째 맡고 있고, 정지훈(비)도 블록버스터 영화 '스피드레이서'에 출연하기로 했다.

할리우드 이야기 기업들은 이처럼 원재료(소재)와 부품(배우)을 전 세계에서 수입해다 쓰는 글로벌 공급 체인망을 가동하고 있다. 예컨대 소니 픽처스의 '게이샤의 추억'은 일본의 소재를 갖고 중국 등의 배우를 써서 할리우드제(製) 이야기 상품을 만들어 냈다. 식민지의 원료와 노동력을 활용해 부를 창출 제국주의 경제와 비슷한 꼴이다. 실제로 할리우드가 싸게 수입해 간 아시아의 이야기 자원은 막대한 경제적 가치를 창출하고 있다. 일본영화 '쉘 위 댄스(Shall we dance)'는 할리우드의 미라맥스 스튜디오에서 리메이크돼 원작보다 4배 많은 1억8000만 달러의 수입을 올렸다.

한국의 이야기 자원도 예외는 아니다. 지난 10년간 15편의 한국산 영화 소재가 싼 값에 할리우드로 팔려나갔다. 1999년 '텔미썸딩'의 리메이크용 대본이 20세기폭스에 30만 달러에 팔린 것을 시작으로, '조폭마누라'가 95만 달러, '엽기적인 그녀'가 75만 달러, '시월애'와 '가문의 영광' 등이 50만 달러, '괴물'이 60만 달러에 팔린 것으로 알려져 있다. 이 중 '시월애'는 미국에서 '레이크 하우스(Lake House)'라는 제목으로 리메이크되어 원재료 값의 100배에 육박하는 총 4700만 달러의 수입을 올렸다. 한국 영화계는 '시나리오 수출'이라고 박수쳤지만, 사실은 귀중한 이야기 자원이 '헐값'에 팔려가 할리우드의 배를 불려준 셈이었다.

이야기 자원 유출은 이야기 산업의 종속으로 이어질 수도 있다. 영화사 태원엔터테인먼트 관계자는 "똑같은 재료라도 요리하는 방법에 따라 맛이 달라지는 법"이라며 "한국 재료를 갖고 한국식이 아닌 '할리우드식'으로 조리한 요리에 세계인들의 입맛이 길들여질까 두렵다"고 말했다.

해결책은 우리가 할리우드와 견줄 수 있는 이야기 자원 개발과 콘텐츠 가공 능력을 갖추고, 이들의 해외 이야기 자원 개발 전략을 적극 배워 실천하는 것이다. 동남아나 중앙아시아에 가면 아직 미개발된 고유의 이야기 자원이 무궁무진하다. 우리가 이들의 이야기 자원을 개발하면 세계적 수준의 이야기 상품을 만들어 낼 수 있다.

〈홍사종/정철환, 조선일보, 2008.1.3〉

세계 이야기시장 지역별 규모

(단위 : 억 달러)

지역	2005년	2010년 (추정)	글로벌 시장에서 차지하는 비율(%)		연평균 성장률(%)
			2005년	2010년 (추정)	
북미 (미국, 캐나다 등)	5,837	7,670	43.9	41.9	5.8
유럽 · 중동 · 아프리카	4,314	5,800	32.5	31.7	6.1
아시아 · 태평양	2,737	4,250	20.6	23.2	9.2
남미	399	600	3.0	3.2	8.5

자료 : 프라이스워터하우스앤쿠퍼스 'Global Entertainment and Media Outlook 2006~2010'

제2장 국내 문화산업[1)]

01 문화산업의 매출 현황

우리나라 문화산업[2)] 매출액은 2003년 44조1,955억원에서 2004년 50조601억원, 2005년 53조9,481억원에 이어 2006년 57조9,385억원으로 증가하여 4년간 연평균 9.4%의 높은 성장세를 보였다. 2006년 GDP 대비 비중은 6.83%(57조9,385억원/848조446억원×100=6.83)였으며, 특히 총 부가가치의 GDP 대비 비중은 2.53%(21조4,698억원/848조446억원×100=2.53)이다. 이는 미국(2005년 기준, 6.56%), 영국(2004년 기준, 7.3%) 등에 비해서 낮은 수준이다. 문화산업 중 매출 규모가 가장 큰 산업은 전체의 34.3%를 차지한 출판산업(19조8,793억원)이며, 다음으로 방송산업이 9조7,198억원(16.78%), 광고산업이 9조1,180억원(15.74%), 게임산업이 7조4,489억원(12.86%), 캐릭터산업이 4조5,509억원(7.85%), 영화산업이 3조6,836억원(6.36%), 음악산업이 2조4,013억원(4.14%), 만화산업이 7,301억원(1.26%), 애니메이션산업이 2,886억원(0.5%), 에듀테인먼트산업이 1,180억원(0.2%) 순이다.

한편 문화산업의 부가가치 규모는 2006년 총 21조4,697억원으로 이 중 출판산업이 6조3,375억원으로 전체의 29.5%를 차지하고 있으며, 방송 3조9,728억원(18.5%), 게임 3조6,551억원(17.0%), 광고 3조3,435억원(15.6%), 영화 1조7,818억원(8.3%), 캐릭터 1조2,383억원(5.8%), 음악 7,652억원(3.6%), 만화2,645

1) 문화체육관광부, 문화산업백서, 2007년에서 재정리한 것임.
2) 출판, 만화, 음악, 게임, 영화, 애니메이션, 방송, 광고, 캐릭터, 에듀테인먼트 등 10개 분야.

[표 2-1] 국내 문화산업 매출액

(단위 : 억원, %)

산업	2003년	2004년	2005년	2006년		2003년~ 2006년 연평균 성장률
					비중	
출판	15,5211	18,9210	193,922	198,793	34.31	8.6
만화	7,591	5,059	4,362	7,301	1.26	20.1
음악	17,935	21,331	17,899	24,013	4.14	10.2
게임	39,387	43,156	86,798	74,489	12.86	23.7
영화	23,444	30,224	32,948	36,836	6.36	16.3
애니메이션	2,700	2,650	2,338	2,886	0.50	2.2
방송	71,366	77,728	86,352	97,198	16.78	10.8
광고	70,639	80,260	84,178	91,180	15.74	8.9
캐릭터	48,085	42,183	20,759	45,509	7.85	−1.8
에듀테인먼트	13,188	8,790	9,925	1,180	0.20	−55.3
합 계	441,955	500,601	539,481	479,385	100.00	9.4

자료 : 문화체육관광부, 문화산업백서, 2007.

[표 2-2] 문화산업 부가가치 현황

(단위 : 백만원, %)

구분	2005			2006		
	매출액	부가가치	부가가치율	매출액	부가가치	부가가치율
출판	19,392,156	6,945,633	35.8	19,879,255	6,337,507	31.88
만화	436,235	154,667	35.5	730,072	264,505	36.23
음악	1,789,875	572,760	32.0	2,401,309	765,297	31.87
게임	8,679,800	4,381,563	50.5	7,448,900	3,655,175	49.07
영화	3,294,820	844,579	25.6	3,683,627	1,781,814	48.37
애니메이션	233,855	42,214	18.1	288,564	70,333	30.96
방송	8,635,200	2,834,073	32.8	9,719,862	3,972,844	40.87
광고	8,417,779	2,693,689	32.0	9,118,059	3,343,592	36.67
캐릭터	2,075,893	501,386	24.2	4,550,932	1,238,309	27.21
에듀테인먼트	992,488	330,052	33.3	117,989	40,411	34.25
합 계	5,394,8101	19,300,616	35.8	57,938,569	21,469,787	37.10

자료 : [표 2-1]과 동일.

억원(1.2%), 애니메이션 703억원(0.3%), 에듀테인먼트 404억원(0.2%) 순이다. 우리나라의 문화산업 부가가치의 GDP 비중은 2.5%로 일본(5.9%), 미국(5.5%), 영국(7.6%) 등 주요 선진국의 문화산업 비중이 GDP의 5%를 상회하는 것에 비하여 낮은 수준이다.[3)]

출판산업의 매출액은 출판업이 7조9,622억원으로 전체 40.0%를 차지하며, 출판도소매업 7조4,977억원(37.7%), 인쇄업 3조6,119억원(18.2%), 온라인출판유통업 6,764억원(3.4%), 출판임대업 1,310억원(0.7%)으로 나타났다.

만화산업의 매출액을 세분하면, 만화출판업이 2,960억원으로 전체 비중의 40.5%를 차지하고 있으며, 만화 도소매업은 2,833억원(38.9%), 만화책임대업 1,034억원(14.2%), 온라인만화 제작·유통업 473억원(6.5%)으로 나타났다.

음악산업의 매출액을 좀 더 구분하여 보면, 노래연습장 운영업이 1조2,321억원으로 전체매출액의 51.3%를 차지하고 있으며, 음악제작업(행사매출포함)은 4,558억원(19.0%)이며, 온라인음악 유통업 3,562억원(14.8%), 음악공연업 1,887억원(7.9%), 음반 도소매업은 1,685억원(7.0%) 순으로 나타났다.

게임산업의 매출액을 세부적으로 살펴보면, 아케이드게임장이 2조6,770억원으로 전체 매출액의 35.9%로 가장 많았고, PC방 1조8,647억원(25.0%), 온라인게임 1조7,768억원(23.9%), 아케이드게임 7,009억원(9.4%), 모바일게임 2,390억원 (3.2%), 비디오게임 1,365억원(1.8%), 비디오게임장 276억원(0.4%), PC게임 264억원(0.4%)으로 나타났다.

영화산업은 상영업이 1조2,814억원으로 전체 매출액의 34.8%로 가장 많았고, 영화 및 비디오 제작업 7,439억원(20.2%), 배급 및 유통업 7,333억원(19.9%), 영화 수입업 3,850억원(10.5%), 제작 관련 서비스업(제작 지원) 3,362억원(9.1%), 홍보 및 마케팅업 1,133억원(3.1%), 온라인영화 유통업 903억원(2.4%)으로 나타났다. 한편 2006년 한국영화의 제작편수는 110편, 상영편수는 359편이며 전국 스크린 수는 1,847개로 전국 극장 매출액은 1조원 대를 넘어섰다. 그러나 1차 상영시장 비중이 80% 이상으로 부가 시장은 상대적으로 침체돼 있는 것으로 나타났다. 즉 전체 영화 산업 매출 규모 중 1차 상영

---

3) 한국은행, 문화콘텐츠산업의 현황과 과제, 2009.1, pp.12~13.

관련 시장의 매출 규모가 총 3조499억원, 부가 시장 매출 규모가 총 6,337억원으로, 1차 상영관련 시장이 전체 영화 시장 매출 규모의 82.8%를 부가 시장이 17.2%의 비중을 차지하였다.

애니메이션산업의 매출액을 구분하여 보면, 애니메이션 제작업이 2,161억원으로 전체 매출액의 74.9%를 차지하고 있으며, 극장 매출액은 611억원(21.2%)이며, 온라인 애니메이션 유통업 66억원(2.3%), 애니메이션 유통 및 배급업 44억원(1.5%), 방송사 수출액 3억원(0.1%) 순으로 나타났다. 이 중 애니메이션 제작업의 경우 애니메이션 창작 제작이 1,073억원(37.2%), 애니메이션 하청 제작 1,077억원(37.3%), 온라인(인터넷・모바일) 애니메이션 제작은 11억원(0.4%)으로 나타났다. 애니메이션 창작 제작 매출액 규모가 전체 애니메이션산업의 37.2%를 차지하고 있으나, 애니메이션 하청 제작(37.3%)과 별 차이가 없는 것으로 나타났다.

방송산업의 매출액을 세분하여 보면, 지상파 방송업이 3조7,060억원으로 전체 매출액의 38.1%를 차지하고 있으며, 프로그램 제작공급업 3조6,687억원(37.7%), 유선방송업 1조8,625억원(19.2%), 위성방송업 4,827억원(5.0%)으로 나타났다. 이와 같은 방송산업의 성장은 유선 및 위성방송사업자들의 방송 및 초고속인터넷의 통합 등 사업 다변화로 수신료 및 인터넷 접속사업 수익이 크게 증가하였으며, 홈쇼핑을 이용한 소비자 상품 구매 증가에 따른 방송채널사용사업의 광고, 상품 판매 등의 수익이 증가하는 등 종합유선방송과 방송채널사용사업, 위성방송사업의 매출액 증가에 따른 것이다.

광고산업의 취급액을 업종별로 구분해 보면 광고(종합) 대행이 5조7,057억원으로 전체 취급액의 62.58%로 절대적인 비중을 차지하고 있으며, 광고 제작업 9,711억원(10.65%), 온라인업 7,810억원(8.57%), 기타 업종7,797억원(8.55%), 서비스업 4,926억원(5.40%), 인쇄업 3,879억원(4.25%)으로 나타났다. 이 중 4대 매체(TV, 라디오, 신문, 잡지)의 취급액은 3조9,987억원으로 매체별 취급액의 62.9%이며, 뉴미디어(케이블, 온라인, 위성, 모바일, DMB)는 1조3,764억원 21.6%, 옥외광고는 8,506억원 13.4%의 구성비를 나타냈다.

캐릭터산업의 매출액을 세분하며 보면, 캐릭터 제작업이 2조3,503억원으로 51.6%를, 캐릭터상품 유통업(캐릭터상품 도소매업)이 2조2,006억원으로 48.4%

를 차지하고 있다. 캐릭터 제작업의 경우, 캐릭터상품 제조업이 2조434억원(44.9%), 캐릭터 개발 및 라이선스업 3,069억원(6.7%)으로 나타났다.

에듀테인먼트산업의 경우 총 매출액은 179억원으로 이 중 에듀테인먼트 제작업은 951억원(80.7%)이며, 에듀테인먼트 도소매업은 33억원(2.8%), 온라인 에듀테인먼트 유통업 194억원(16.5%)이다.

지역별로 매출액을 살펴보면, 서울이 17조110억원으로 지역별 전체의 66.1%를, 경기도는 4조2,896억원(16.7%), 부산 9,329억원(3.6%), 대구 5,844억원(2.3%), 인천3,888억원(1.5%), 경남 3,823억원(1.5%), 대전 3,380억원(1.3%), 경북 3,371억원(1.3%), 광주 3,341억원(1.3%), 충북 2,129억원(0.8%), 전북 1,837억원(0.7%), 울산 1,646억원(0.7%), 제주도 1,564억원(0.6%), 강원도 1,556억원(0.6%), 충남 1,512억원(0.6%), 전남 1,105억원(0.4%)으로 나타났다. 특히 서울은 출판산업에서 10조4,424억원으로 지역별 출판산업 매출규모의 68.3% 비중을 차지하고 있으며, 만화산업에서 3,749억원(53.4%), 음악산업에서 9,406억원(81.3%), 영화산업에서 2조5,492억원(69.2%), 애니메이션산업에서 1,590

[표 2-3] 문화산업 지역별 매출액 현황

(단위 : 백만원, %)

구분	출판	만화	음악	영화	애니메이션	캐릭터	에듀테인먼트	합계	구성비
서울	104,42,456	374,934	940,682	2549,209	159,091	2,483,410	61,247	17,011,029	66.1
부산	438,231	27,170	28,091	142,712	10,368	247,801	11,625	932,998	3.6
대구	320,978	11,325	16,839	76,753	4,891	146,310	7,321	584,417	2.3
인천	205,075	13,055	11,409	64,504	2,362	88,751	3,692	388,848	1.5
광주	162,583	8,869	5,597	66,876	6,336	81,565	2,352	334,178	1.3
대전	161,403	10,681	5,816	63,444	3,765	90,165	2,741	338,015	1.3
울산	71,837	6,342	1,556	39,784	–	43,552	1,568	164,639	0.7
경기도	2,795,818	197,958	116,270	342,245	31,720	793,830	11,821	4,289,662	16.7
강원도	58,679	5,792	1,307	46,797	2,763	39,304	961	155,603	0.6
충청북도	70,508	6,285	12,158	37,270	2,659	81,287	2,827	212,994	0.8
충청남도	87,513	6,670	2,794	9,642	–	43,205	1,427	15,1251	0.6
전라북도	60,331	5,072	2,364	47,413	3,218	62,702	2,671	18,3771	0.7
전라남도	30,641	5,408	2,997	39,618	–	30,063	1,862	110,589	0.4
경상북도	191,058	9,658	3,533	59,024	–	72,038	2,138	337,149	1.3
경상남도	155,556	1,1162	3,436	94,109	–	115,515	2,600	382,378	1.5
제주도	42,632	746	2,263	4,227	–	104,434	1,136	156,438	0.6
합계	15,295,299	701,827	1,157,112	3,683,627	227,173	4,550,932	117,989	25,733,959	100.0

자료 : [표 2-1]과 동일.

억원(70.0%), 캐릭터산업에서 2조4,834억원(54.6%), 에듀테인먼트산업에서 612억원(51.9%)를 차지하고 있다. 경기도의 경우 출판산업에서 2조7,958억원 18.3%를 차지하고 있으며, 만화산업에서 1,979억원(28.2%), 음악산업에서 1,162억원(10.0%), 영화산업에서 3,422억원(9.3%), 애니메이션산업에서317억원(14.0%), 캐릭터산업에서 7,938억원(17.0%), 에듀테인먼트산업에서 118억원(10.0%)으로 서울에 이어 두 번째로 많은 비중을 차지하고 있다. 이처럼 우리나라의 문화산업은 수도권지역에 대부분이 집중되어 있음을 알 수 있다.

02 문화산업의 기업 및 종사자 현황

문화산업의 기업 수는 2006년 126,815개로 이 중 음악산업이 37,108개로 가장 많으며, 그 다음으로 게임산업이 32,802개로 나타났다. 이 외에 출판산업이 30,353개, 만화산업이 10,796개, 영화산업과 광고산업은 각각 8,663개와 4,735개였다. 이 외에 방송산업, 애니메이션산업, 에듀테인먼트산업의 기업 수는 각각 534개와 260개, 185개이다. 특히 게임산업은 사행성 게임장의 여파와

[표 2-4] 국내 문화산업 업체 및 종사자 현황

(단위 : 개, 명, %)

구분	2005년		2006년		2006년 구성비		증가율	
	업체 수	종사자 수	업체 수	종사자 수	업체 수	종사자 수	업체 수	종사자 수
출판	33909	214904	30353	2218377	23.9	50.0	-10.5	1.6
만화	7120	9048	10796	12818	8.5	2.9	51.6	41.7
음악	38261	65346	37108	65431	29.3	15.0	-3.0	0.1
게임	41062	60669	32802	32714	25.9	7.5	20.1	-46.1
영화	10868	29078	8663	25769	6.8	5.9	-20.3	-11.4
애니메이션	200	3580	260	3412	0.2	0.8	30.0	-4.7
방송	567	29634	534	29308	0.4	6.7	-5.8	-1.1
광고	4828	29625	4735	27487	3.7	6.3	-1.9	-7.2
캐릭터	629	8825	1379	19889	1.1	4.6	119.2	125.4
에듀테인먼트	385	5048	185	1480	0.2	0.3	-51.9	-70.7
합계	137829	455757	126815	436685	100.0	100.0	-8.0	-4.2

자료 : [표 2-1]과 동일.

게임기업의 M&A 및 사업다각화를 통한구조 조정, 아웃소싱 등 경영환경 변화로 인하여 게임업체의 수가 대폭 줄어들었다.

2006년 기준 문화산업 종사자 수는 43만 6,685명으로 산업별로는 출판(1.6%), 만화(41.7%), 음악(0.1%), 캐릭터(125.4%)가 증가한 것으로 나타났으며, 게임

[표 2-5] 문화산업 종사자 수

(단위 : 명, %)

산업	2005년	2006년	증감률(%)	구성비(%)
출판	214,904	218,377	1.6	50.0
만화	9,048	12,818	41.7	2.9
음악	65,346	65,431	0.1	15.0
게임	60,669	32,714	△46.1	7.5
영화	29,078	25,769	△11.4	5.9
애니메이션	3,580	3,412	△4.7	0.8
방송	29,634	29,308	△1.1	6.7
광고	29,625	27,487	△7.2	6.3
캐릭터	8,825	19,889	125.4	4.6
에듀테인먼트	5,048	1,480	△70.7	0.3
합계	455,757	431	△4.2	100.0

자료 : [표 2-1]과 동일.

[표 2-6] 문화산업 직무별 종사자 수

(단위 : 명)

구분	출판	만화	음악	애니메이션	캐릭터	에듀테인먼트	합계	구성비(%)
사업기획	2,879	283	1,374	205	1,649	198	6,588	4.7
관리	17,751	7,045	1,846	332	2,956	234	30,164	21.5
제작	19,250	977	2,489	2,170	6,623	618	32,127	22.9
마케팅/홍보	6,954	315	1,170	305	1,712	141	10,597	7.5
연구개발	1,951	464	329	211	1,775	225	4,955	3.5
기타(유통)	45,870	3,462	1,358	189	5,174	64	56,117	39.9
합계	94,655	12,546	8,566	3,412	19,889	1, 480	140,548	100

* 게임, 영화, 방송, 광고, 인쇄업, 인터넷서점(만화제외), 기타오디오기록매체출판업, 기타출판업, 계약배달직, 인터넷서점(만화), 노래연습장 운영업, 인터넷음반도소매업, 애니메이션(극장, 방송) 종사자수는 제외한 결과임.

자료 : [표 2-1]과 동일.

(46.1%), 영화(11.4%), 애니메이션(4.7%), 방송(1.1%), 광고(7.2%), 에듀테인먼트(70.7%)는 감소한 것으로 나타났다. 전반적으로 종사자 수가 감소한 것은 사행성게임장의 여파로 인해 아케이드게임분야가 침체국면을 맞이하게 되었고, 게임기업의 M&A 및 사업 다각화를 통한 구조조정, 아웃소싱 등 경영 환경 변화로 인하여 게임업체의 수가 대폭 줄었기 때문이다.

직무별 종사자수는 기타(유통)(39.9%), 제작(22.9%), 관리(21.5%), 마케팅홍보(7.5%), 사업기획(4.7%), 연구개발(3.5%) 순으로 나타났다.

산업별로는 출판산업은 '기타'와 만화산업은 '관리'와 관련한 종사자 규모가 가장 컸으며, 음악, 애니메이션, 캐릭터, 에듀테인먼트산업은 '제작'과 관련된 종사자 규모가 가장 크게 나타났다.

03 문화산업의 수출입 현황

2006년 기준 문화산업 수출액은 13억 7,315만 달러로 수출 증가를 주도한 산업은 광고(811.8%), 만화(19.9%), 게임(19.0%), 캐릭터(15.8%), 방송(10.0%) 산업인 것으로 나타났다. 특히, 광고산업 수출액의 경우 국내 광고회사의 직접수출보다는 국내 광고기업의 해외지사 설립 등 해외진출에 따라 해외지사의 매출액 급상승으로 수출액이 증가하였다. 출판, 만화, 음악, 애니메이션, 캐릭터, 에듀테인먼트 등 6개 분야에 대한 해외진출 형태를 조사한 결과, 완제품 수출(42.2%), 라이센스(26.7%), OEM 수출(24.1%), 기술서비스(6.4%), 해외투자 공동제작 등 기타(0.6%) 순으로 나타났다.

산업별로 비중을 살펴보면, 완제품 수출은 출판과 음악이, 라이센스의 수출은 만화가, OEM 수출은 애니메이션과 캐릭터가, 기술서비스 방식은 에듀테인먼트가 높게 나타났다.

2006년 기준 문화산업 수입액은 32억 7,828만 달러로 게임, 영화, 애니메이션, 에듀테인먼트 5개 분야의 문화산업 수입액은 감소하였다.

출판, 만화, 음악, 애니메이션, 캐릭터, 에듀테인먼트 등 6개 분야의 해외진출 경로를 조사한 결과, 해외 전시회 및 행사참여, 해외 유통사 접촉 등을 통

[표 2-7] 문화산업 수출입액

(단위 : 천달러)

산업	수출액			수입액		
	2005년	2006년	증가율	2005년	2006년	증가율
출판	191,346	184,867	△3.4	231,741	307,184	32.6
만화	3,268	3,917	19.9	900	3,965	340.6
음악	22,278	16,666	△25.2	8,306	8,347	0.5
게임	564,660	671,994	19.0	232,923	207,556	△10.9
영화	75,995	24,515	△67.7	46,830	45,813	△2.2
애니메이션	78,429	66,834	△14.8	5,458	5,095	△6.7
방송	121,763	133,917	10.0	43,177	72,563	68.1
광고	9,359	75,981	811.8	2,292,762	2,415,540	5.4
캐릭터	163,666	189,451	15.8	123,434	211,909	71.7
에듀테인먼트	5,203	5,016	△3.6	360	316	△12.2
합계	1,235,967	1,373,158	11.1	2,985,891	3,278,288	9.8

자료 : [표 2-1]과 동일.

[그림 2-1] 문화산업 해외진출 형태

(단위 : %)

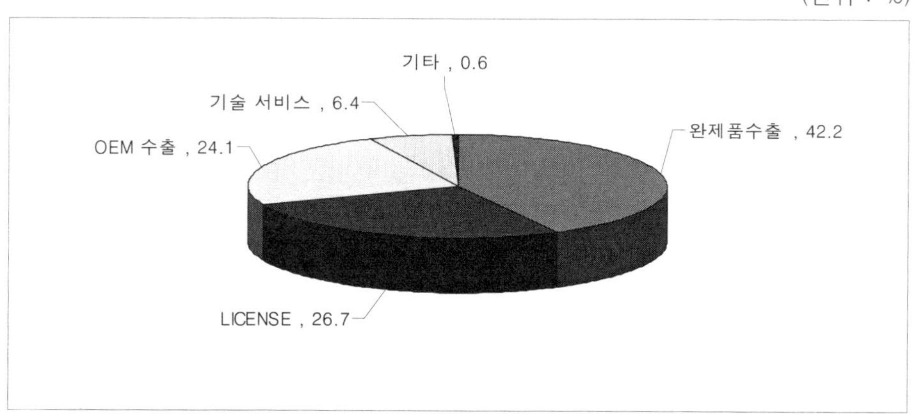

한 직접수출은 전체 52.7%, 국내외 에이전트를 활용한 간접 수출은 전체 35.0%로 나타났다.

세부적인 경로를 살펴보면, 해외 유통사 접촉(27.0%), 국내 에이전트 활용(22.0%), 해외 전시회 및 행사참여(15.2%), 해외 에이전트 활용(13.0%), 해외

법인 활용(8.6%→9.4%) 순으로 나타났다.

산업별로 해외전시회 행사참여는 캐릭터(23.1%), 해외유통사 접촉은 음악(71.8%), 온라인 해외 판매는 출판(2.1%), 해외법인 활용은 애니메이션(16.8%), 국내 에이전트 활용은 만화(51.4%), 해외 에이전트 활용은 에듀테인먼트(37.2%)이 가장 높게 나타났다.

[그림 2-2] 문화산업 해외진출 경로

(단위 : %)

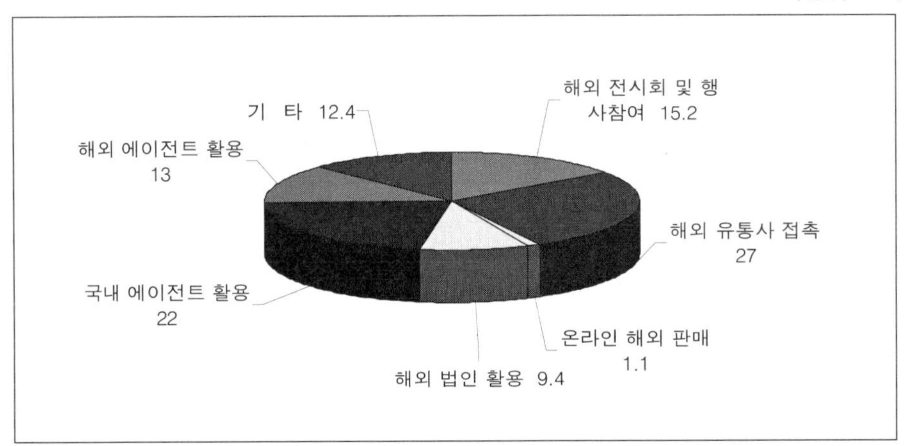

자료 : [표 2-1]과 동일.

문화산업의 대외 수출은 2004년 9억3,940만 달러, 2006년 13억7,315만 달러로 증가하여 왔으며, 이를 산업별로 살펴보면, 출판이 1억8,486만 달러(13.46%), 만화 391만 달러(0.28%), 음악 1,666만 달러(1.21%), 게임 6억7,199만 달러(48.94%), 영화 2,451만 달러(1.79%), 애니메이션 6,683만 달러(4.87%), 방송 1억3,391만 달러(9.75%), 광고 979만 달러(5.53%), 캐릭터 1억8,945만 달러(13.80%), 에듀테인먼트 501만 달러(0.37%)로 수출 증가를 주도한 산업은 광고, 만화, 게임, 캐릭터, 방송 산업이다.

제3장 세계 문화산업[1)]

세계적으로도 문화산업은 디지털 기술의 발전과 소비자들의 구매력 증대 및 높아진 삶의 질에 대한 기대에 따른 소비의 고급화 등으로 인해 지속적으로 발전하고 있다.

미국의 시장조사 기관인 Pricewaterhouse Coopers(PwC)의 『Global Entertainment andMedia Outlook: 2007-2011』에 따르면, 세계 문화산업의 시장 규모는 2003년 약 1조1,613억달러에서 2006년 약 1조4,324억 달러, 2007년 약 1조5,252억 달러로 성장하고 있으며, 2011년까지 연평균 6.4% 성장해 1조 9500억 달러 규모에 이를 것으로 전망했다. 또한 2006년도 세계 문화산업 시장 규모별 국가 순위를 살펴보면, 미국이 5,824억 달러로 세계문화산업 시장의 약 40%를 차지해 1위를 기록하였으며, 일본, 영국, 독일, 중국 순이다. 중국은 인터넷상의 판매가 크게 증가하여 아시아 최대 시장인 일본을 제치고 아태 지역에서 최대의 문화산업시장을 형성할 것으로 전망되며, 웰리우드의 뉴질랜드는 정부가 영화제작비의 12.5%를 환원해 주는 등의 전략 덕분에 세계적인 영화촬영지로 부상하고 있다. 우리나라는 347억 달러로 세계 시장 2.4%를 점유하고 있으며, 시장 규모에서 9위를 차지하였다.[2)]

1) 문화관광부, 2007 문화산업백서, 2008, p.58.

2) 문화체육관광부, 2007 문화산업통계, 2008에서 재정리한 것임.

[표 3-1] 문화산업 분야별 세계 시장 규모 및 성장률

(단위 : 백만 달러)

분야	2003	2004	2005	2006p	2007	2008	2009	2010	2011	2007~2011 연평균 성장률
영화	75,486	81,009	78,923	81,239	84,291	88,110	92,645	97,810	103,263	4.9
TV/방송	138,339	152,387	161,934	171,976	191,404	195,237	204,630	217,793	228,335	5.8
TV/유통	124,936	137,905	146,825	160,643	172,346	189,525	206,744	22,9114	250,745	9.3
음악	34,793	35,491	35,859	36,078	35,617	36,432	37,693	39,098	40,437	2.3
라디오 및 옥외광고	59,892	62,994	66,242	69,217	72,589	76,522	80,696	84,964	8,9211	5.2
인터넷 광고 및 접속률	94,121	119,850	145,420	177,078	210,071	242,156	272,580	301,585	331,578	13.4
비디오 게임	2,334	26,334	27,665	31,629	37,468	41,458	44,226	46,720	48,877	9.1
산업정보	70,700	73,892	78,153	83,519	89,093	94,688	100,175	105,580	110,962	5.8
잡지	90,874	94,341	98,138	100,722	103,361	106,532	109,982	113,647	117,223	3.1
신문	167,540	173,398	117,852	181,043	183,207	187,191	191,141	195,888	220,722	2.1
출판	112,771	114,345	119,364	121,395	127,144	130,066	135,022	139,781	144,604	3.6
테마파크 및 놀이동산	20,264	21,148	21,829	22,769	23,800	24,909	26,041	27,258	28,498	4.6
카지노게임	73,197	83,696	93,631	101,609	108,703	117,426	124,483	134,867	144,044	7.2
스포츠	76,257	82,271	85,881	96,144	99,428	109,106	110,833	121,952	123,868	5.2
합계	1,161,258	1,257,520	1,335,669	1,432,395	1,525,172	1,635,283	1,732,066	1,850,507	1,956,067	6.4

자료 : [표 2-1]과 동일.

이러한 세계 문화산업의 성장은 디지털 기술의 발달과 소비자의 구매력 증가로 문화상품의 생산자나 소비자 모두에게 비용의 절감을 가능케 해줌으로써 문화산업의 구조를 더욱 강화시켜 줄 것이며, 이와 함께 새로운 형태의 콘텐츠의 등장은 소비자의 구매를 더욱 자극할 것이다. 예를 들어 이전에는 뉴스, 날씨, 스포츠, 경제 정보 등에 국한되었던 정보 콘텐츠는 좀 더 세분된 수용자를 대상으로 하는 더욱 다양한 분야로 확대될 것이다.

또한 정부규제의 완화로 지역문화산업의 기업합병은 지속될 것이며 각종 소유제한과 관련된 규정들은 점차 약화될 것이다. 이미 미국은 TV, 라디오 방송국의 소유제한 규정을 완화하였으며, 호주도 외국인의 미디어 기업 소유 제한 규정이 완화하였다. 따라서 문화산업에 대한 정부의 역할은 불법복제물에 대한 규제나 지적재산권에 대한 보호 등에 집중되어 정부의 산업에 대한 규제는 점점 약화될 것으로 보인다.

최근 타임워너, 월트디즈니, 쥬스코퍼레이션, 베텔스만 등 세계 4대 엔터테인먼트 기업은 인수·합병을 통한 성장, 수직적·수평적 통합, 미디어 복합기업의 세계화, 미디어 기업들의 소유 집중화 등 문화산업의 구조적 변화를 통해 세계 문화산업 시장 규모의 9%를 차지하여 수익을 극대화하고 있다. 특히 미디어 재벌 루퍼드 머독이 이끌고 있는 뉴스코퍼레이션은 인수기업 188개, 진출국가 45개국, 종업원 47,300명을 거느리면서 수직적 통합과 수평적 다각화를 통해 영화, 방송(지상파, 케이블, 위성), 잡지, 신문, 출판, 인터넷 검색사이트, 온라인 영화사이트 등으로 2007년 매출액 287억 달러를 벌어들였다.3)

문화적 할인(cultural discount)

문화적 할인이란 하나의 문화산물이 다른 문화권에서 소비될 때 일정한 할인을 발생한다는 개념으로 국산과 외국 영상물 사이의 선호도 차이를 의미한다. 즉 자국의 생활습관을 반영하고 자국의 언어와 이미지를 바탕으로 한 문화산물을 국민들이 선호한다는 것이다. 이는 문화의 외형적 동질성이 높아질수록 감정적 동일시가 용이하게 된다는 뜻으로 소비자들은 자국의 문화와 비슷한 문화에 좀더 쉽게 접근, 소비하는 경향을 보이게 된다. 이러한 문화적 할인은 매체나 장르별로 달라지기도 한다. 예컨대 클래식 음악 장르의 경우에는 문화적 할인의 폭이 크지 않음에 비해 언어나 생활습관이 중요하게 작용하는 대중음악의 경우에는 할인의 폭이 훨씬 커진다. 반면 영화나 텔레비전 같은 영상매체의 경우 대사와 같은 언어적 요소는 문화적 할인에 구속받는 반면, 이미지는 크게 구속받지 않는다. 따라서 이미지가 강조되는 스펙터클 영화들(소위 블록버스터 영화)은 문화적 할인의 폭이 크지 않고, 코미디와 같이 언어나 관습의 차이가 큰 장르의 경우에는 문화적 할인의 폭이 커진다.

만화는 이러한 문화적 할인율을 낮출 수 있는 (제값을 받을 수 있는) 대표적인 부문이다. 대부분의 만화가 민족적, 이데올로기적 색채를 지우고 모든 사람들이 공통적으로 느끼는 정서를 표현하기 때문이다. 드래곤 볼이나 햄토리와 같은 만화를 보면 현실에 존재하지 않거나 어디에나 존재하는 지역을 배경으로 하여 어떠한 편견 없이 누구라도 쉽게 만화의 내용을 받아들일 수 있도록 설정되어 있다.

3) 문화체육관광부, 2007 문화산업백서, 2008, pp.57~58.

제4장 문화산업의 부문별 성과 및 전망[1)]

01 영화산업

1) 영화산업의 특성 및 구조

영화산업은 영화제작, 활용, 유통, 보급, 수출, 수입 등과 관련된 제반사업 활동을 가리키며, 한국표준산업분류에 의하면 영화 및 비디오 제작, 영화 및 비디오제작 관련 서비스, 영화배급 · 영화 및 비디오 상영을 일컫는다. 영화산업은 수평적, 수직적 가치사슬 구조를 가지고 있다. 영화산업의 가치창출과정은 영화관 상영 뿐 아니라 그 이후의 유통단계를 통한 저작권, 방영권 수입 등 윈도우를 거쳐 커지는 특성을 가지고 있다. 특히 게임s/w, 애니메이션, 캐릭터, 테마파크 산업과 연계될 수 있다는 면에서 영화산업의 잠재적인 수익가치는 상영수익의 수십 배에 달하고 있다. 그러나 영회산업은 성공이 불확실하고, 위험도가 높으나 흥행에 성공할 경우 윈도우화 과정을 통해 관련시장에서 지속적인 고수익 창출이 가능하다.

또한 다른 영화는 소비의 비 반복성과 독점적 경쟁 환경을 들 수 있다. 소비의 비 반복성은 한번 소비 후 다시 소비할 가능성이 낮아 제품의 수명주기가 짧으므로 제품의 성공여부가 시장에서 금방 판가름 나며, 동일한 상품이 존재하지 않아 상품간 완전 대체성이 성립하지 않는다.

1) 문화체육관광부, 2007년 문화산업백서, 2008에서 재정리한 것임.

〈한국영화의 시대별 특징〉

① 초창기(영화비지니스의 태동기) : 60년대 이전
- 역세권, 사람이 모이는 곳(시장)에 극장이 건립되고 영세한 규모로 운영

② 전성기(초기 르네상승기) : 60년대
- 멜로물과 문예영화가 인기를 누렸으며, TV는 거의 보급되지 못한 상태
- 고무신관객 : 영화보는 아줌마 부대

③ 침체기(산업화 이전) : 70년대 - 80년대 중반
- TV의 급속한 보급과 다양한 문화·오락 시설의 등장으로 영화관객 감소

④ 역량축적기(한국영화의 산업화시기) : 80년대후반 - 90년대 후반
- 84년 제작자유화로 영화제작이 활성화되기 시작
- 88년 미국 직배사가 들어오면서 헐리우드 영화의 전성시대가 열림
- 국내 영화업계는 상대적으로 침체

⑤ 재도약기(신 르네상스기) : 99년 이후
- 99년 「쉬리」 이후, '00년 「JSAJ , '01년 「친구」 로 이어지는 대박 행진
- 새로운 영화비즈니스의 선순환구조가 정착되며 한국영화 흥행작이 속출

2) 현황

한국 영화산업은 2006년 극장 매출액이 9,256억원, 스크린 수는 1,880개로 110편의 제작 편수[2)]와 한국영화 관객점유율 63.8%를 기록하였다. 또한 영화제작업체(제작업체, 수입업자, 배급업자, 상영업자)는 2000년 715개사에서 2006년에는 1,718개사로 2배 이상 증가하였다. 그러나 한국 영화는 영상콘텐츠의 불법복제 및 유통의 증가로 인한 부가시장의 몰락, 한국영화의 (-)수익률, 극장 요금의 할인 경쟁, 제작현장의 열악한 근무환경 등 한국영화산업의 다양한 문제점들이 노출되기도 하였다. 특히 극장 이외의 부가 수익을 창출할 창구(window)가 제한된 상태에서 극장수익에 지나치게 의존하는 구조적 문제는 국내 영화 시장의 규모 확대 및 영화산업의 지속적 성장에 장애로 작용하고 있다.

---

2) IMF 경제 위기 속에서 1998년 43편으로 떨어졌던 제작 편수(심의필 기준)는 1999년 49편, 2002년 78편, 2006년 110편으로 확대되었으며, 특히 2006년 제작된 작품들은 액션 블록버스터영화에서 코미디, 드라마, 사극, 멜로에 이르기까지 장르가 비교적 고르게 분포되었음.

또한 2006년 한국영화의 평균 제작비는 40억2,000만원으로 이 중 순제작비가 25억8,000만원이고 나머지는 P&A비용으로 14억4,000만원이었다. 이처럼 P&A비용이 많은 이유는 제작된 한국영화가 광역개봉 방식[3])이 일반화되고 프린트 비용과 광고 비용이 상승되었기 때문이다. 즉 영화는 초반 1주일의 흥행이 전체 흥행을 좌우하기 때문에 개봉에 앞서 TV나 언론 매체 등에 작품을 최대한 노출시켜 관객에게 다가가는 홍보의 중요성이 점차로 커지고 있다.

[표 4-1] 영화업의 현황

구분	2000년	2001년	2002년	2003년	2004년	2005년	2006년
제작업	715	918	1081	1218	1375	1561	1718
수입업	347	390	428	469	509	544	566
배급업	259	268	290	302	315	327	348
상영업	466	511	557	611	654	674	716
계	1787	2087	2358	2600	2853	3108	3348

자료 : [표 2-1]과 동일.

[표 4-2] 영화산업의 매출구조

매출내역	2002년	2003년	2004년	2005년	2006년
극장 매출	75.0	76.0	77.3	78.55	75.42
비디오	12.2	7.1	6.4	3.05	3.04
DVD	1.4	1.2	2.3	1.09	1.11
TV(케이블, 위성방송, 지상파)	4.9	3.5	4.8	4.31	8.73
디지털(온라인 디지털영화관)	0.3	0.5	0.3	0.35	1.17
해외 수출	3.4	9.7	7.9	12.30	9.01
기 타	2.8	2.0	1.0	0.35	1.51
계	100.0	100.0	100.0	100.0	100.0

자료 : [표 2-1]과 동일.

3) 한 영화를 동시에 많은 스크린에서 개봉하는 방식.

[표 4-3] 연도별 한국영화 제작 편수 및 평균 제작비 현황

(단위 : 편, 억원)

구분		2000년	2001년	2002년	2003년	2004년	2005년	2006년
제작 편수		59	65	78	80	85	87	110
개봉 편수		62	52	82	65	74	83	108
평균 제작비	계	21.5	25.5	37.2	41.6	41.6	39.9	40.2
	순제작비	15.0	16.2	24.5	28.4	28.0	27.3	25.8
	P&A	6.5	9.3	12.7	13.2	13.6	12.6	14.4

자료 : [표 2-1]과 동일.

3) 극장 및 배급 부문

전국 스크린 수는 2000년 720개보다 약2.5배 증가한 1,880개(2006년)이나, 극장 수는 2000년 373개에서 2006년 321개로 감소하였다. 이러한 스크린 수의 증가는 관객 수 증가가 극장의 수익률 향상으로 이어지면서 복합상영관(멀티플렉스) 신설이 증가하였기 때문이다. 2006년 복합상영관 체인의 스크린 수는 총 1,562개에 스크린 수 점유율은 83%로 관객 수 및 매출액 점유율도 75% 이상을 차지하고 있다. 국내 복합상영관은 CJ그룹 계열의 CGV, 오리온그룹 계열의 메가박스, 롯데그룹 계열의 롯데시네마, 시네마서비스 계열의 프리머스 등 4개 회사가 주도해 오다가 2004년에 CJ가 시네마서비스 계열의 프리머스를 인수함으로써 3개사 체제로 통합되었다. 이에 따라 이들 3개 그룹의 제작·투자, 배급, 상영 및 뉴미디어 등 영화산업 전 분야에 걸친 독과점 구조가 더욱 심화되었으며, 이들 3대 체인은 2006년 총 1042개 스크린을 차지함으로써 전체 스크린의 55.4%를 차지하고 있다.

우리나라 영화산업의 배급 시장은 CJ엔터테인먼트와 쇼박스(주)미디어 플렉스를 중심으로 이루어지고 있는데, 2006년 CJ엔터테인먼트사는 한국영화 32편, 외화 17편으로 총 49편을, 쇼박스는 한국영화 23편, 외화 5편을 배급해 총 28편을 배급하였다. 이러한 영화의 배급 및 스크린 독과점 문제는 한국영화의 경우 배급사의 전국 관객점유율에서 CJ엔터테인먼트, 쇼박스, 시네마서비스 3사의 합이 82%로 공정거래법상 시장지배적 사업자의 우선적 판단기준인 75%(「공정거래법」제4조 제2호)를 초과하고 있다.

[표 4-4] 연도별 극장 · 스크린 수 및 스크린당 인구 수

(단위 : 개관, 명)

구분	2000년	2001년	2002년	2003년	2004년	2005년	2006년
장 수	373	344	309	280	302	301	321
스크린 수	720	818	977	1,132	1,451	1,643	1,880
멀티플렉스 스크린 수	123	222	437	653	1,002	1,269	1,562
인구 수	47,274,543	473,428,228	48,021,550	48,386,823	48,583,805	48,782,274	48,991,779
스크린당 인구 수	65,659	57,876	49,152	42,745	33,483	29,601	26,059

자료 : [표 2-1]과 동일.

국내 복합상영관은 고급스럽고 쾌적한 시설과 각종 할인제도, 그리고 주변 쇼핑 · 오락시설과의 연계를 통해 극장을 종합 엔터테인먼트 공간으로 변모시켰으며, 이로 인해 보다 많은 관객들을 유인함으로써 영화 시장의 규모 확대에 기여해 왔다. 반면에, 흥행작 위주의 광역 개봉(widerelease)방식을 추진함으로써 P&A 비용의 상승과 예술영화 등 비주류 영화의 상영기회 감소를 초래하기도 하였다.

영화문화의 다양성을 확보하기 위해서는 한국영화, 예술영화, 청소년영화, 소형 · 단편영화, 애니메이션영화 등을 전문적으로 상영하는 전용상영관이 필요하다. 전용상영관은 30여 개로 대부분 서울 · 경기 지역에 집중되어 있다.

[표 4-5] 2006년 주요 멀티플렉스 체인 현황

구분		2006 극장 수	2006 스크린 수	2006 좌석 수
CGV	CGV	44	351	65,364
	프리머스	35	244	41,870
	소계	79	595	107,234
롯데시네마		36	273	51,187
메가박스		21	174	32,490
씨너스		15	109	18,007
총 계		151	1,151	208,918

자료 : [표 2-1]과 동일.

4) 흥행 및 투자부문

국내 영화 관람객수는 2001년 8,936만명에서 2006년 1억5,341만 명으로 1인당 평균 관람횟수는 2001년 1.9회에서 3.13회로 증가하였다. 이에 따라 최근 5년간 한국영화산업은 2001년보다 관객 수 면에서 약 1.7배, 극장매출 면에서는 약 1.8배가 늘어났다. 관객 점유율 면에서는 한국영화가 2001년 50.1%에서 2006년 63.8%로 증가한 반면 외국영화는 49.9%에서 36.2%로 감소하였다.

영화산업에 대한 투자는 영화배급을 전제로 한 전문 투자자본과 벤처캐피털로 구분할 수 있다. 전문 투자자본은 CJ엔터테인먼트, 시네마서비스가 대표적이며, 벤처캐피털에는 KTB네트워크, 삼성벤처투자, 미래에셋캐피탈 등이 해당된다. 이러한 투자자본의 유입으로 영상투자조합 결성이 증가하면서 막대한 자본이 영화산업에 투입됨으로써 제작이 활성화되어 작품 수가 늘어나게 되었다. 그러나 개봉된 한국영화 108편 중 19편[4]만이 흑자를 기록했을 뿐 한국영화산업은 정상적인 수익 발생과 재투자구조가 형성되지 못하여 불안정한 투기성 산업으로 인식될 우려가 있다.

5) 수출입 및 해외 진출 부문

한국영화의 수출은 2001년 102편에서 2006년 208편으로 2배 증가하였으며 전 세계 53개국에 2,451만5,000달러에 수출되었다. 이러한 한국영화의 수출은 우선, 수출지역이 아시아권역에 집중되어 있으며, 해외 수출 방식이 한국 개봉 후의 단순구매에서 제작 완성 이전의 사전판매나 시나리오단계에서의 선투자 방식으로 변화하고 있다. 국가별 수출을 살펴보면, 2006년 일본이 1,038만 달러로 42.4%, 태국이 332만달러로 13.6%, 미국이 195만달러로 8.0%, 독일이 약 129만 달러로 5.3%를 차지하고 있어, 대부분 일본에 편중되어 있다. 외국영화의 수입은 2000년 405편이었으나 2006년 243편으로 감소하였으나 편당 수입가격은 2000년 114,187 달러에서 2006년 188,533달러로 증가하였다. 국가별 수입은 미국이 131편(전체 편수의 45.3%)으로 수위를 차지하였고, 일본(64편), 프랑스(25편), 영국(11편), 캐나다(8편), 독일 및 스페인(6편)이 그 뒤

4) 흥행 톱10은 괴물, 왕의 남자, 타짜, 투사부일체, 한반도, 미녀는 괴로워, 우리들의 행복한 시간, 음란서생, 가문의 부활, 달콤 살벌한 연인 임.

를 잇고 있다.

[표 4-6] 연도별 한국영화 수출 현황

(단위 : 편, 달러)

구분	2001년	2002년	2003년	2004년	2005년	2006년
수출 편수	102	133	164	193	202	208
수출액	11,249,573	14,952,089	30,970,000	58,284,600	75,994,580	24,514,728
증가율	59	33	107	88	30	-68
편당 평균가격	110,289	112,422	188,896	301,993	376,208	118,429

자료 : [표 2-1]과 동일.

6) 비디오 및 DVD 부문

우리나라 비디오 · DVD 시장 규모는 1999년 말까지 8,000억원대의 시장 규모로 극장매출규모(2,862억원)의 3배에 이르렀으나, 비디오 · DVD 시장은 비디오 대여점과 비디오(DVD) 감상실의 감소로 2001년 7,692억원에서 2006년 3,900억원으로 즉 극장매출규모(9,257억원)의 42.1%에도 못 미칠 정도로 침체 위기에 빠져 있다. 비디오 대여점 및 감상실수는 2001년 1,000개 및 2,400개에

[표 4-7] 비디오 · DVD 판매 매출

(단위 : 억원)

구분		2001년	2002년	2003년	2004년	2005년	2006년	2007년 (예상)
제작사 매출	비디오(대여, 판매용)	2,422	2,200	1,950	1,611	1,233	860	700
	DVD(대여, 판매용)	230	850	1,000	1,085	867	700	600
	소 계	2,652	3,050	2,950	2,696	2,100	1,560	1,300
유통 매칠	대여점	3,600	3,240	3,060	2,520	2,073	1,440	1,260
	감상질	1,440	1,440	1,380	1,320	1,260	900	720
	소 계	5,040	4,680	4,440	3,840	3,333	2,340	1,980
전체 시장 규모		7,692	7,730	7,390	6,536	5,433	3,900	3,280

자료 : [표 2-1]과 동일.

[표 4-8] 비디오 대여점 및 감상실 수

구분	2001년	2002년	2003년	2004년	2005년	2006년	2007년 (예상)
비디오 대여점 수	10,000	9,000	8,500	7,500	6,500	4,000	3,500
비디오 감상실 수	2,400	2,400	2,300	2,200	2,100	1,000	800

자료 : [표 2-1]과 동일.

서 2006년에는 각각 1/3 수준으로 감소하였으며, 이는 비디오·DVD 시장의 온·오프라인 불법물 유통으로 제작사들의 매출 감소, 신작 영화의 불법 복제 및 다운로드, 비디오·DVD에 대한 소비자들의 무관심 등으로 비디오·DVD 판매 시장을 위축시키고 있기 때문이다.

7) 주요 정책 과제

영화는 문학, 미술, 음악, 컴퓨터그래픽 등 모든 장르의 예술이 결집된 종합예술이며, One Source-Multi Use에 의한 고부가가치 창출이 가능한 산업이다. 따라서 국내 영화산업을 미래산업으로 이끌어가기 위해서는 좋은 작품, 즉 경쟁력있는 한국 영화가 제작되어야 하고 치솟는 제작비를 커버할 수 있도록 시장이 확대되어야 한다. 좋은 영화를 만들기 위해서는 고급인력의 유입, 다양한 소재의 개발이, 영화시장 확대를 위해서는 수출확대, 부가판권의 개척, 인프라의 구축 등의 전략이 필요하다.

첫째, 수출증대 방안이다. 문화적 친밀성이 높은 중국, 일본, 동남아 등의 시장을 먼저 개척해야 한다. 한국문화와 역사를 거부감없이 수용할 수 있는 동북아 문화권은 한국영화에 대한 수용도가 상대적으로 높다. 영화를 기획, Preproduction 시점부터 동북아시장 수출을 염두에 둔 소재발굴과 제작이 필요하다.

둘째, 글로벌 경쟁력 확보이다. 해외시장 개척을 위해서는 대자본을 가진 글로벌 영화사의 출현이 필수적이며, 국내 감독이 해외에서 영화를 제작하거나 해외영화사에 지분을 참여하는 등 해외 영화산업에 직접 진출해야 한다. 뿐만 아니라 기획, 제작, 유통의 분업화를 시도하여 우리가 강점있는 분야만을 담당하고 부족한 부문은 해외에 아웃소싱[5]하는 전략을 구사할 필요가 있다.

셋째, 부가판권의 판로를 적극적으로 개척하여 영화시장의 파이를 확대해야 한다. 즉 영화가 가지고 있는 특성중의 하나인 One sourse-Multi use를 최대한 활용하여 영화와 관련된 캐릭터 상품을 개발하고 영화에 대한 부가수입을 확대시켜야 한다. 또한 영화 촬영장소를 명소화하여 관광지로 개발해야 한다. 일본은 촬영장소를 관광지로 개발하는 것이 일반화되어 있으나 우리나라는 일부 히트된 드라마가 관광지로 개발되고 있으나 사후 관리가 잘 되지 않아 그 효과가 미흡하다.

넷째, 인프라 구축의 확대이다. 관객유인효과가 큰 인프라인 멀티플렉스를 도시 외곽지역에 건설하여 도시인의 쉼터, 휴식공간으로 개발하고 수익원의 다양화를 꾀할 필요가 있다.

다섯째, 우수 인력의 확보이다. 영화산업은 지식집약적이고 창의성이 요구되는 산업으로서 우수인력에 대한 유입은 영화산업발전에 중요한 요소이다. 다양한 단편영화제, 독립영화제를 개최하고 이들 영화에 대한 지원도 강화하여 인력의 유입과 훈련의 장을 마련해야 한다.

여섯째, 영화 소재의 다양화이다. 한국영화관객의 대부분이 20대인데 3-40대로 소비자층을 확대하기 위한 소재 개발이 필요하다. 헐리우드 영화[6]에서 찾을 수 없는 독특한 국내 소재를 가지고 제작함으로써 국내 영화의 차별성을 부각시키고 있다.

뿐만 아니라 해외시장에 대해서는 지극히 한국적인 소재보다는 공통적이고 보편적인 소재가 수출시장에서는 적합함으로 해외소비자에게 맞는 소재가 필

5) 경쟁력 있는 작품의 경우에는 기획과 제작을 우리가 하고 해외 메이저배급사를 통해 유통시키는 방안, 처음부터 해외시장을 겨냥하여 대작을 기획할 경우에는 해외에 기획을 맡기고 제작을 우리가 맡고 유통은 해외배급사를 활용하는 방안 그리고 처음부터 해외배급사를 인수하여 직접 해외배급에 참여하는 방안 등이 있음.

6) 월트디즈니는 만화영화 소재를 그동안 서양에서 주로 찾았으나 소재의 한계를 느끼면서 중국, 일본 뿐만 아니라 한국의 고전작품이나 신화 등에 많은 관심을 가지고 있음. 또한 최근 헐리우드 영화계에서는 서양문화의 소재에 염증을 느낀 관람객 들을 위해 동양적인 소재로 영화를 만들기 시작했는데 대표적인 예가 「와호장룡」임.

요하다.

일곱째, 영화산업의 부가 시장 활성화를 저해하는 온·오프라인 불법유통을 근절시켜야 할 것이다. 2007년 불법 시장 규모와 피해 규모는 9362억원(극장 환입 규모 2716억원+부가 시장 환입 규모 640억원)이다. 현재 온라인상에서 불법유통 근절은 불법복제방지를 위한 영화인 협의회에서, 오프라인 상에서는 (사)한국영상산업협회에서 각각 불법유통 방지 캠페인을 벌이고 있지만 침체된 부가 시장을 활성화하기 위해서는 P2P, 웹하드 업체의 합법적인 양성화를 통하여 인터넷 다운로드를 포함한 온라인상영 부문을 영화산업 안으로 끌어들이는 적극적인 시장전략이 필요하다.

여덟째, 영화발전기금의 효율적 운용을 통해 국내 영화산업 의 발전을 꾀해야 한다. 대부분의 국가들은 대부분 영화관 입장료 수입의 일부를 매년 징수하여 영화산업 발전의 진흥재원으로 활용하고 있다. 우리나라는 2006년 12월 영화산업 발전에 필요한 추가재원인 영화발전기금 조성 및 운용에 대한 근거 법령이 마련되어 2007년 7월부터 시행된 영화관 입장료 부과금 징수는 극장업계, 배급사 및 제작자 등영화계의 관심과 협조로 일부 지방의 영세 극장을 제외하고는 2007년 말 현재 징수율이 90%가 넘고 있다.

영화산업은 공급이 수요를 창출하는 대표적인 산업이다. 영화는 상영을 통해 일정한 수익을 창출할 뿐만 아니라 그 안에 포함된 생활양식의 전파를 통해 국산제품의 구매 취향을 좌우하기도 한다. 또한, 단순히 판매수익 차원을 넘어 국가브랜드 이미지 제고에 미치는 파급효과를 고려하여 전략적으로 접근할 필요가 있다.

참고 1 – 이젠 영화도 한국이 '테스트베드(흥행 시험무대)'

한국이 할리우드 영화의 전 세계 흥행을 예측하는 '테스트 베드(시험 무대)'로 떠오르고 있다. 그동안 할리우드 영화의 국내 개봉 시기는 미국보다 1~2주가량 늦었지만 작년부터 개봉 시기가 같거나 더 빠른 사례가 잇따라 나오고 있다. 한국 영화 시장이 커진 데다 인터넷을 통한 영화 평가가 빠르고 정확해 '한국에서 흥행하면 다른 나라에서도 먹힌다'는 인식이 확산되고 있기 때문이다. 한국에서 인터넷 불법 복제를 미리 막으려는 의도도 있는 것으로 보인다. 할리우드 블록버스터 '아이언 맨, .'나니아 연대기:캐스피언 왕자', '패솔로지', '스피드 레이서', '인디아나 존스:크리스탈 해골의 왕국', '쿵푸 팬더' 등 이처럼 대작 영화들이 한국에서 선(先)개봉되는 것은 흥행 예측 등의 전략적인 가치가 그만큼 크기 때문이다. '패솔로지' 배급사인 MGM의 한 관계자는 "영화에 대한 평가가 인터넷 상에서 활발하게 이뤄지는 한국에서의 성공 여부가 다른 나라에서의 흥행 예측에 도움이 되는 만큼 한국 개봉일을 앞당겼다"고 설명했다.한국이 할리우드 영화의 중요한 수요처라는 것도 한 요인. 지난해 미국보다 2주가량 앞서서 개봉된 '트랜스포머'는 국내에서 역대 외화 최다 관객인 724만명을 동원, 미국을 제외한 국가 중 가장 많은 5151만달러(약 502억원)의 흥행 수입을 기록했다.

한국 영화는 침체이지만 외국 영화 점유율은 오히려 2006년 35.3%에서 지난해 49.2%로 크게 높아졌다. 할리우드의 관점에서 한국은 무시 못할 시장인 것이다.

〈서욱진, 한국경제신문, 2008.4.15〉

참고 – 2 '흥행 심의'에 걸려 창고에 묻힌 영화들

개봉 과정에서 소용되는 PNA비용(Print and Advertising:개봉 스크린 수만큼 필름을 복사하는 비용과 마케팅 및 광고비용을 합한 것. 보통 제작비의 1/2 – 1/3 수준의 비용이 든다)이 만만치 않기 때문에 최소한 그렇게 후반에 들이는 돈(일명 포스트 프로덕션 비용)에 대해 위기관리가 될 때까지 개봉일정을 순연시키는 경우가 늘고 있다.

영화 관계자들은 대체로 지난해 기획돼 완성됐거나 완성중인 작품 가운데 20% 정도가 앞으로도 개봉 가능성이 없는 것으로 판단하고 있다. 이들 영화 가운데는 '울어도 좋습니까?'처럼 대중적 인지도가 다소 낮은 데뷔감독의 작품이 많은 것이 사실이다. '특별시 사람들', '일편단심 양다리', '방울 토마토', '소년은 울지 않는다'는 각각 박철웅, 한승림, 정영배, 배형준 감독의 작품들로 이들의 티켓 파워는 당연히 미미한 수준일 수밖에 없다. 배우에게 있어 자신이 출연한 영화가 바로 개봉하지 못하는 것만큼 치명적인 일은 없다. 일단 배우의 자존심의 문제이기도 하지만 무엇보다 자신의 '몸값' 하락에 결정적인 요인이 될 수 있기 때문이다. 배우의 '몸값'은 영화개봉 과정에서 나타나는 이른바 '티켓파워'에 따라 좌우된다. 아예 개봉을 못하는 사태는 자칫 티켓파워를 '제로(0)'로 만드는 일이 되는 것이다.

이런 상황들을 고려해 보면 완성된 영화들의 개봉이 미뤄지거나 포기되는 사례가 늘고 있거나 기획 단계에서 도중하차하는 영화가 많아지는 이유는 작품의 완성도나 기획의 참신함이 부족한 것 때문이 아니다. 지금의 제작 환경은 영화작가들이 작품을 못 만들어서가 아니라 확실하게 '베팅'할 수 있는 영화가 아닌 한 투자를 망설이는 자본의 문제가 더 크게 대두되고 있는 것이다. 한마디로 여유 있게 영화적 실험과 도전을 할 수 없을 만큼 자본 인프라가 불안한 상태라는 얘기다.

많은 재능 있는 영화작가들의 작품이 대중들에게 올바로 검증되지 못한 채 요즘처럼 '잠들어' 있게 된 건 몇 가지의 이유로 집중된다. 우선 모든 영화가 극장매출에만 '올인'할 수밖에 없는 기형적인 영화구조 때문이다. 지난 2~3년 동안 수십 번씩 강조되고 있는 얘기지만, 한국의 영화산업은 1990년대 후반 멀티플렉스의 출현 이후 급격하게 극장 위주로 재편됐다. 한편의 영화를 만들면 그 영화가 유통되는 전체 시장은 극장에서 시작해 DVD와 방송, 인터넷, 모바일 등 다양한 윈도우가 돼야 함에도 불구하고 한국영화는 오로지 극장에서만 맴돌고 있는 형국이다. 영화 전체 매출의 85%가 극장에서 나오는 상황인 것이다. 이런 환경에서는 극장 배급 과정에서 상업적인 수익이 기대에 못 미치니 다른 윈도우에서 수익을 보전하자는 발상을 할 수가 없다. 비록 극장에서 영화를 만나지 못한다 하더라도 다른 매체를 통해 자연스럽게 만나게 하자는 분위기 조성도 애초부터 불가능한 상황이다. 오로지 극장상영만을 생각하는 환경에서 개봉이 포기되면 모든 루트가 원천적으로 봉쇄되는 것이다. 결국 부가판권 시장을 다양하게 개발하는 것이야말로 어렵게 만든 영화들의 개봉이 지연되거나 포기되는 사태를 막는 유일한 길이다.

불법다운로드 문제에 대해 정부와 관련 기관이 보다 강력한 규제 정책을 펴나가는 것도 관건 중의 하나다. 대다수의 윈도우가 붕괴하게 된 가장 큰 이유는 인터넷을 이용해 '공짜로' 영화를 보기 때문이다. 이 문제에 대해 의지를 갖고 나서지 않는 한 영화산업이 조만간 폐업위기로 치달을 가능성이 높다. 전문가들은 불법다운로드를 조장하는 공유파일업체를 하루빨리 양성화시켜 합법적 공간으로 끌어냄으로써 수익을 배분하는 것이 시급한 과제라고 입을 모으고 있다.

영화사들의 마구잡이식으로 기획과 제작을 남발하는 것도 문제이다. 미개봉작 가운데 상당수는 한철 장사하듯 너도 나도 뛰어들어 만든 장르영화가 태반이다. 특히 코미디 장르의 경우 회전율이 빨라 관객들로부터 금새 외면 받기 쉽다. 그럼에도 불구하고 지난해에는 코미디 장르의 가벼운 영화들이 봇물을 이뤘다. 결국 시장에서의 희소가치를 스스로 깎아먹음으로써 경쟁력을 상실하게 됐고, 그 과정에서 수익구조가 악화되자 비용을 줄이기 위해 개봉을 연기하거나 포기하는 사례가 빚어진 것이다. 따라서 투자자와 제작자들이 영화에 대해 얼마나 이해하고 고민하는가 하는 것이 모든 문제를 해결할 수 있는 근본적인 방법이 된다. 〈오동진, 조선일보, 2007.11.03〉

참고 3 – 충무로증시(證市)는 알고있다

2008년 2월 오픈한 위니랜드(www.winiland. com). 위니랜드는 개봉을 앞둔 신작(新作) 영화를 주식 종목으로 상장시켜서 가상화폐(단위: 위니)를 갖고 사고팔도록 만든 일종의 '충무로 증권거래소'다. 신작 영화가 실제 개봉 후 4주 동안 얼마만큼의 흥행 실적을 올릴지, 투자자들의 주식 거래량과 주가를 활용해 예측하는 곳이다. 전문가 의견을 토대로 판단하는 것이 아니라, 대중들의 지혜를 활용해서 영화의 흥행 여부를 점쳐보는 새로운 예측 시장이다.

위니랜드는 일반 주식거래소와 거의 같고, 거래 대상이 영화라는 점만 다르다며 대중들이 베팅한 영화의 거래량이 많았고 주가가 처음보다 크게 올랐다면, 해당 영화가 흥행할 것이란 예측이 가능하다. 미국에선 이미 지난 96년부터 할리우드 증권거래소(www.hsx.com)라는 가상의 공간에서 수백만 명의 대중들이 영화 흥행 예측에 참여하고 있다. 현재 8000명 이상이 참여하고 있으며, 100만 위니로 시작해서 1억2000만 위니까지 불린 사람도 있다.

〈이경은, 조선일보, 2008.5.7〉

참고 4 – 대자본과 콘텐츠가 만났다, 쇼비즈(Show-biz) 혁명, 연예산업

20세기 초 영화산업이 태동했던 미국에선 영화 흥행 실패의 리스크를 분산시키기 위해 1920년대 말에 이미 제작 · 배급 · 상영을 계열화시킨 쇼비즈 대기업이 탄생했다. 이들이 현재의 6대 메이저 스튜디오가 됐다. 1944년 파라마운트에 대한 반독점 소송을 계기로 스튜디오는 제작 · 배급 부문과 극장 사업을 분리하게 된다. 6대 스튜디오는 영화 제작의 리스크를 줄이기 위해 제작과 배급뿐만 아니라 비디오, DVD, 케이블TV, 공중파TV 등 다양한 채널에 영화를 공급한다. 한국 영화산업 수익의 70%는 극장상영 수입에서 나오는 데 반해 할리우드 스튜디오의 수익 중 극장상영에서 나오는 비율은 20%에 불과하다. 미국의 메이저 스튜디오는 극장용 영화뿐 아니라 TV용 영화나 드라마 시리즈도 제작한다. 예컨대 유명 시트콤 '프렌즈'는 워너브라더스의 작품이다. 미국 영화산업의 규모는 5년간 평균 291억달러로 한국(11억달러)의 26배에 달하며 세계시장의 46.9%를 차지하고 있다. 이 시장을 노린 미국 메이저 스튜디오의 영화 제작 비용도 상상을 초월한다. 마케팅 비용을 포함한 영화 제작 비용은 평균 8940만달러(860억여원 · 2002년 기준)로 한국영화 평균 제작비(40억원)의 20배가 넘는다.미국의 음악시장은 세계시장의 30%를 차지하는 세계 최대의 시장이다. 워너 뮤직 그룹, 소니 BMG, 유니버설 뮤직 그룹, EMI그룹 등 4대 음악 기업집단에 의해 움직이고 있다.

영화산업의 꽃은 배급에 있다. 배급업은 영화를 어떤 시기에, 어떤 규모로, 어느 정도의 마케팅을 해서 시장에 내놓을 것인가를 정하는 사업이다. 극장유통업은 그렇게 배급된 영화를 얼마만큼의 기간 동안 어느 정도의 객석 규모로 상영하느냐를 결정하는 사업이다. 그 관계가 씨줄과 날줄로 복잡하게 얽혀 있기 때문이다. 이 양자간 갈등에 담겨있던 내부의 폭발성은 현재의 한국 영화산업 구조와 지형도를 어느 정도 익혀야지만 그 본질을 조금이나마 파악할 수 있다.

영화산업이 고도화하면서 배급과 극장유통업은 엄밀하게 선이 그어지는 사업이 되긴 했지만 우리나라의 경우 사실상 수직계열화가 이루어졌다. 국내 영화산업은 5개의 할리우드 메이저(UIP, 워너, 디즈니, 소니컬럼비아, 20세기 폭스)와 함께 국내 4대 메이저가 중심축을 형성하고 있다. 국내의 4대 메이저로 꼽히는 회사는 선두주자인 CJ엔터테인먼트를 꼭지점으로 쇼박스와 롯데엔터테인먼트 그리고 시네마서비스다. 이들은 지난 2~3년간 합종연횡을 거듭해 왔고 현재는 CJ엔터테인먼트와 시네마서비스가 연대, 제휴한 상황으로 사실상 '(1+1)+2'의 3강 구도를 형성하고 있다.

하지만 실제로 이들이 3강의 파워를 구사하는 것은 단순한 배급력의 우위 때문만

이 아니다. 이들은 각각 대규모의 멀티플렉스를 전국적으로 구축하고 있다. CJ엔터테인먼트는 CGV극장, 쇼박스는 메가박스, 롯데엔터테인먼트는 롯데시네마를 운영하고 있다. 그러니까 한국의 메이저는 배급과 유통을 동시에 장악하고 있고, 바로 그 점이 국내 영화산업에 있어 막강파워를 만들어내고 있는 것이다.

영화산업을 주도하기 위해 유통, 곧 극장사업 분야를 장악해야 하는 이유는 영화의 수익이 전적으로 극장에서 이루어지기 때문이다. 산업의 구조 측면에서 볼 때 이는 극히 비정상적인 얘기인데, 한국의 경우 극장매출이 전체 영화산업 수입의 75%까지 차지하고 있음에 주목해야 한다. DVD, 비디오, 각종 방송 등 이른바 부가판권이라 불리는 다른 윈도에서는 고작 15~25%의 수익을 기대할 수 있을 뿐이다. 정상적인 산업구조라면 극장 대(對) 여타 윈도의 수익비율이 4 대 6 정도가 돼야 한다. 이른바 황금비율이다. 하지만 이 비율은 현재 할리우드 등 일부 선진국에서만 실현되고 있다.따라서 한국 메이저가 한결같이 멀티플렉스 사업에 뛰어드는 이유, 다시 말해서 유통을 잡아야지만 산업을 잡는다는 생각을 갖게 된 이유는, 그렇게 하지 않고서는 도저히 사업의 수익을 맞출 수 없기 때문이다. 이것을 거꾸로 얘기하면 대기업이 현재 영화사업을 하는 궁극적인 이유 역시 극장사업을 동시에 할 수 있기 때문이라는 맥락과 통하게 된다.

따라서 대기업 영화사가 유통망, 혹은 멀티플렉스 사업의 확장에 매진할 수밖에 없는 국내 영화계의 구조적 특수성은 당분간 계속될 수밖에 없다. 그렇지만 문제는 '유통을 잡는 자가 산업을 잡는다'는 명제가 영구불변의 진리가 돼서는 곤란하다. 이것을 정상궤도로 돌려놓기 위해서는 유통을 잡지 않아도 산업을 잡을 수 있도록 해야 한다. 그 방법은 부가판권 시장을 확대하는 길이다. 굳이 극장에 '올인'하지 않고도, 거기서 모자라는 수익을 비디오와 DVD, 각종 방송판권을 통해 보전할 수 있다면 영화사업자가 유통업에만 매달리지는 않을 것이기 때문이다.

〈오동진, 주간조선, 2006. 3. 20〉

참고 5 – '원 소스 멀티 유즈'의 득과 실

'원 소스 멀티 유스(One Source Multi Use)'. 말 그대로 하나의 문화적 소스가 다양하게 활용되는 것을 뜻한다. 최근 대중문화계 전반에 걸쳐 원 소스 멀티 유즈 바람이 거세다. 허영만 화백의 만화 타짜가 영화와 드라마 등 다양한 매체를 통해 선보여졌듯 만화 혹은 소설이 드라마로, 또 영화에 뮤지컬로 형태의 틀을 달리하는 일이 빈번하게 일어나고 있다. 그런 의미에서 원 소스 멀티 유즈는 리메이크 개념으로도 접근이 가능하다. 몇 해 전부터 불어 닥친 리메이크 바람은 원 소스 멀티 유즈의 활용을 가속화시켰고 그로 인해 대중문화도 비약적인 성장을 거듭해왔다. 이런 원 소스 멀티 유즈 활용의 가장 큰 장점은 하나의 아이템 또는 아이디어로 다양한 수익 구조를 마련할 수 있다는 데 있다. 식객은 단행본으로 발간돼 54만부 이상의 판매부수를 기록했으며 영화로 개봉됐을 땐 320만 명의 관객을 극장으로 불러모았다. 또 드라마로 방영됐을 때에도 20%를 웃도는 높은 시청률로 성공 신화를 이어간 바 있다. 원작과 파생 작품 모두 성공을 거둔 셈이다. 현재 방영 중인 SBS 타짜를 비롯해 SBS 바람의 화원 KBS 2TV 바람의 나라도 만화나 소설을 원작으로 한다. 그리고 개봉 중인 영화 미인도, 서양골동양과자점, 아내가 결혼했다 등도 원작이 따로 있다. 하지만 원작이 있는 작품이 항상 성공을 하는 것은 아니다. 여기에 원 소스 멀티 유즈의 문제점이 존재한다.

대개의 경우 파생 작품들은 원작 이상의 의미를 남기지 못한다. 특히 원 소스 멀티 유즈를 대중문화의 다양성 측면이 아닌 상업성 측면으로만 접근한다면 오히려 원작의 가치를 훼손시키는 작업이 될 수도 있다. 게다가 원 소스 멀티 유즈는 결국 같은 작품을 재생산하는 것이기 때문에 이용자 또는 소비자 측면에선 재미가 반감되기 마련이다. 결국 원 소스 멀티 유즈도 어떻게 활용하느냐에 따라 득이 되기도, 실이 되기도 하는 셈이다. 〈박미애, 이데일리, 2008.11.14〉

02 애니메이션산업

1) 개념

애니메이션의 어원은 라틴어 'animatus'에서 유래하였으며 '생명을 불어 넣다. 활기를 띠게하다'라는 의미를 가지고 있다. 이는 생명감 있는 동작뿐만 아니라 비·바람·불 같은 자연현상과 기계적인 움직임 따위의 표현을 모두 포함한다. 애니메이션(Animation, 만화 영화, 그림영화)[7]은 여러 장의 화면을 연속 촬영, 조작하여 움직이도록 보이게 만든 영화의 일종으로 만화영화 또는 동화(動畵)라고도 부른다. 초기 애니메이션은 배경에 그림을 그려 움직이게 하는 셀 애니메이션이 대부분이었다. 셀애니메이션(cells animation)은 배경은 그대로 두고 캐릭터만 움직이게 하는 애니메이션 기법으로 종이에 그린 그림을 투명한 플라스틱(합성수지)인 셀룰로이드에 그대로 옮긴 뒤, 그 뒷면에 채색을 한 다음 배경 위에 놓고 촬영하는 애니메이션 기법을 말한다. 보통 애니메이션이라고 할 경우에는 셀애니메이션으로 생각하면 될 정도로 애니메이션 기법 가운데 가장 많이 사용되는 기법이다. 그러나 기술의 발전과 함께, 찰흙

7) 일본에서는 보통 아니메(アニメ, anime)라고 하며, 서양 문화권에서도 anime의 특징은 일반적으로 일본의 호칭 그대로 'anime'로 부름. 특징으로는 이미 연재되는 만화를 기반으로 만들어진다는 점, CG을 별로 이용하지 않는 점, 그러면서도 그림이 깔끔하다는 점, 소재가 다양하다는 점, 동영상 매수가 많지 않지만 움직임이 자연스러운 점 등을 들 수 있음. 재패니메이션(Japanimation = Japan + animation, 일본의 애니메이션)은 일본 특유의 구성이 드러나는 애니메이션을 일컫는다.

이나 모형 등의 피사체를 조금씩 변형하여 각 장면을 촬영하는 스톱모션 애니메이션이 생겼고, 컴퓨터의 발전과 함께 프로그램으로 등장인물의 각 동작과 배경을 구현하는 3D 애니메이션이 발전하였다. 하지만 특수한 분야를 제외하고는 아직까지는 2D의 셀 애니메이션만을 쓰거나, 3D와 셀을 조합하여 사용한다.

유통 형태

-TV에서 방영하기 위한 목적으로 제작되는 TV 시리즈
-영상 매체(DVD, VHS, LD 등)에 담겨 판매 혹은 대여되는 일본 특유의 방식인 OVA(혹은 OAV)
-극장에서 상영할 목적으로 제작되는 극장용 애니메이션

2) 현황

우리나라 애니메이션산업의 총 매출액은 2006년 약 2,885억원으로 이 중 애니메이션 제작이 2,161억원으로 전체의 74.9%를 차지하고 있으며, 그 다음으로 극장매출이 610억원, 애니메이션 유통 및 배급업이 44억원, 온라인애니메이션 유통업이 66억원, 방송사 수출액이 2억9,000만원에 달한다. 특히 애니메이션 제작은 창작이 1,072억원, 하청이 1,076억원, 그리고 온라인(인터넷, 모바일)제작이 11억원으로 국내애니메이션 산업이 하청과 창작 제작 중심으로 이루어지고 있음을 알 수 있다.

[표 4-9] 애니메이션산업 매출액

(단위 : 백만원)

구 분	2005	2006
애니메이션 제작업	221,012	216,128
애니메이션 유통 및 배급업	–	4,402
온라인 애니메이션 유통업	–	6,643
극장 매출액	12,601	61,099
방송사 수출액	242	292
계	233,855	288,564

자료 : [표 2-1]과 동일.

한편 애니메이션산업의 총 수출액은 2006년 6,683만 달러, 총 수입액은 509만 달러이며 이를 국가별로 살펴보면, 북미가 4,266만 달러로 가장 많으며, 그 다음으로 일본이 1,501만 달러, 중국이 16만 달러 등이다.

3) 애니메이션 방영 현황

2006년 개봉된 극장용 국산 애니메이션은 <파이스토리>, <아치와 씨팍>, <호박전> 등 총 3편에 불과하다. 이 중 <파이스토리>는 267,588명의 관객을, <아치와 씨팍>은 107,154명의 관객을, <호박전>은 1,651명의 관색을 동원하는 데 그쳤다.

한편, TV시리즈물의 경우 지상파 3사가 34편, EBS가 11편의 국산 애니메이션을 신규 방영하여 총 45편이 방영되었다. 반면에 극장 상영극장용 애니메이션은 국산 작품 3편을 포함하여 총 23편이 개봉되었는데, 국산 극장용 애니메이션 작품들이 시장에서 흥행에 실패한 반면에 수입된 극장용 애니메이션은 픽사/디즈니의 <Cars>, <치킨 리틀>, 20세기 폭스의 <아이스 에이지 2>, 소니픽처스의 <몬스터 하우스>, 워너 브라더스의 <해피 피트> 등 20여 편은 그 위상을 강화하고 있다. 물론 2005년 7월부터 시행된 국산 신규 애니메이션

[표 4-10] 애니메이션산업 수출입 현황

(단위 : 천 달러)

구분	수 출		수 입	
	2005	2006	2005	2006
중 국	471	164	–	40
일 본	24,705	15,014	4,867	5,000
동남아	392	365	–	–
북 미	44,626	42,662	573	50
유 럽	3,529	7,122	18	5
기 타	4,706	1,507	–	–
분류 못함	–	–	–	–
전 체	78,429	66,834	5,458	5,095

자료 : [표 2-1]과 동일.

[표 4-11] 2006년 극장용 국산 창작 애니메이션

작품명	개봉시기	제작사	배급사	전체관객 수(명)
호박전	2006. 6. 22	EBS, 서울애니메이션센터, 비온뒤 스튜디오	서울애니메이션 센터	1,651
아치와 씨팍	2006. 6. 28	제이팀스튜디오, KOCCA	스튜디오2.0	107,154
파이스토리	2006. 7. 6	에펙스 디지털, 디지아트, 원더월드 LLC	CJ엔터테인먼트	267,588
계				376,393

자료 : [표 2-1]과 동일.

의무방영 제도, 즉 애니메이션 방송총량제[8)]의 영향으로 국내 애니메이션의 방영시간이 해외 애니메이션 방영시간보다 증가하였으나 이것이 새로운 제도의 도입에 의한 것이라고 판단하기에는 아직 이르다.

애니메이션에는 투니버스, 애니원, 챔프, 카툰네트워크, 닉(Nick), 디즈니채널, 애니맥스 등 많은 애니메이션 전문 채널들이 있으며, 대부분 해외 애니메이션 방영을 중심으로 하고 있다. 특히 전체 해외애니메이션 편성분 중 애니원의 경우 87.5%, 투니버스의 경우 65.6%, 챔프의 경우 86%에 이르는 방영분을 일본 애니메이션으로 충당하고 있어 국산 신규 애니메이션 방영은 매우 미미한 수준이다.

[표 4-12] 지상파 TV 애니메이션 방영 현황

작품명	분량	방영시간	방송사
꾸루꾸루와 친구들	30분×6화	11월~12월	KBS1
동글동글짝짝	5분×221화	7월~11월	KBS1
애플캔디걸	25분×25화	7월~12월	KBS1
오드패밀리	25분×26화	토	KBS1
재동아 학교가자	25분×10화	토	KBS1
TV동화 행복한 세상	5분×161화	월~일	KBS1

8) 지상파 방송사업자가 연간 전체 방송시간의 1% 이상을 국산 신규 애니메이션으로 편성할 의무.

작품명	분량	방영시간	방송사
마스크맨	30분×13화	1월~3월	KBS2
아이언키드	30분×26화	4월~9월	KBS2
요랑아 노래하자	30분×4화	10월~11월	KBS2
인고곤충 버그파이터	30분×4화	12월	KBS2
찾아라, 파워스톤	30분×25화	8월~12월	KBS2
천하통일 파이어 비드맨	30분×29화	1월~8월	KBS2
카드왕 믹스마스터	30분×26화	1월~7월	KBS2
쿵야쿵야	30분×9화	11월~12월	KBS2
토리고고	30분×17화	7월~11월	MBC
뚜루뚜루 니롱이	15분×1화	1월	MBC
세나라 영웅전	30분×26화	9월~12월	MBC
쉐도우 파이터	30분×2화	1월	MBC
싸이킥스	30분×1화	12월	MBC
아름다운 만남	30분×6화	4월	MBC
암행어사 정약용	30분×3화	5월	MBC
이야기 여행	30분×28화	1월~8월	MBC
장금이의 꿈	30분×17화	1월~4월	MBC

자료 : [표 2-1]과 동일.

4) 주요 과제

2005년 7월부터 적용된 국산 애니메이션 방송총량제는 창작 애니메이션 제작의 증가를 견인하면서 애니메이션 방송 기회 확대, 중소규모 신진 기획제작사 다수 시장 진입, 발전된 제작시스템, 새로운 소재와 장르 개발 등을 유도하는 등 국산 애니메이션 산업을 창작중심으로 재편하는 원동력으로 작용해 왔다. 그러나 이와는 달리 국산 애니메이션 방영에 따른 상대적 수익하락을 우려하여 방송사들이 국산 신규 애니메이션을 방영 의무를 저예산 애니메이션으로 충당하고 있다. 따라서 국산애니메이션산업의 경쟁력을 확보하기 위해서는 애니메이션 전문펀드 조성, 케이블 및 위성의 애니메이션전문 채널에 대한 애니메이션 방송총량제 적용, 애니메이션에 대한 국내 투자 유치 등으로 차별화된 콘텐츠를 확보해야 할 것이다.

우리나라의 애니메이션산업은 2000년 이후 하청제작에서 기획창작으로의 전환을 추진하고 있으나, 기획창작 역량 미흡으로 산업경쟁력이 글로벌 수준에 이르지 못하고, 창작된 작품도 투자대비 수익률이 저조하여 신규 창작과 투자가 위축되어 창작 애니메이션 제작활성화에 상당한 어려움이 예상된다. 따라서 애니메이션의 발전을 위해서는 애니메이션산업의 지형변화에 대응하고 애니메이션 업계의 수요를 적극 반영하여, 안정적 재원 확보체계 구축, 창작 및 기술력 확보, 우수 전문인력 양성, 해외진출 확대 및 협력 강화, 산업환경에 부합하는 법제도 개선을 핵심전략으로 하여 정책을 추진해야 한다.

참고 1 – 깜부의 미스터리 아일랜드와 OSMU

깜부(KAMBU)의 TV애니메이션 시리즈(One Source)를 통해 애니메이션, 체감형 게임, 어린이 뮤지컬, 출판, 캐릭터 상품화 등 다양한 콘텐츠 플랫폼(Multi Use) 개발로 지속적인 OSMU 비즈니스(수익) 모델 구축

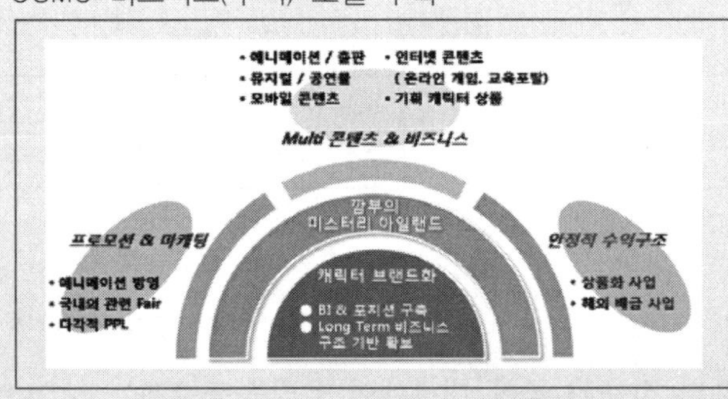

〈문화체육관광부, 100년 감동의 킬러콘텐츠 육성전략, 2008. 11. 24〉

참고 2 – 한국 애니메이션의 과제

우리나라는 한때 세계 1위의 애니메이션 하청수출국이었다. 당시 애니메이션산업은 외국 기업이 기획, 우리나라는 후반작업을 분담하였다. 이러한 분업생산구조에서 우리나라는 세계적으로 잘 알려진 글로벌 하청 생산기지였다. 그러나 인건비 상승 등으로 애니메이션 하청 생산은 중국 등 저임 국가로 이전되고, 우리나라는 창작 애니메이션에 대한 많은 시도에도 불구하고 침체의 늪에서 벗어나질 못했다.

애니메이션은 크게 방송용 애니메이션과 극장용 에니메이션으로 나눌 수 있는데 방송용 애니메이션은 일본이, 극장용 애니메이션은 디즈니를 대표주자로 미국이 전 세계 시장을 주도하고 있다. 우리나라는 2006년 기준 애니메이션 매출 약 4000억원을 기록해 진 세계시장의 1%를 차지하는 데 그치고 있다.

우리나라 애니메이션이 일본 재패니메이션처럼 발달하지 못한 이유는 첫째, 애니메이션을 수용하는 사회 분위기에서 찾을 수 있다. 일본에서는 성인들도 전철 안에서도 거리낌없이 만화책을 보는 등 만화나 애니메이션이 국민적인 애호상품인 반면, 우리나라는 만화나 애니메이션은 학생들에게 공부의 적으로 경계 대상 1호로 간주되고 있다. 둘째, 우수 인력의 유입에서의 차이이다. 일본에서 애니메이션 작가는 사회적으로 존경받는 직업이어서 많은 우수한 인력이 이 업종에 진입하고 있는 반면, 우리나라는 그 반대 현상이 나타나고 있다. 셋째, 국내 업체들이 과거의 하청 제작에 익숙해져 있어 창작애니메이션의 제작 및 배급에 대한 경쟁력이 부족했기 때문이다. 특히 애니메이션 원작의 역할을 하는 출판만화산업의 부진은 애니메이션 발전의 걸림돌이 되고 있다.

애니메이션은 어린이들의 꿈과 상상력 그리고 창의성을 발달시키는 수단이 될 수 있어 활용가치가 높다. 또한 산업적으로 애니메이션은 그 자체의 시장 규모가 작을지 모르지만 캐릭터 상품으로 활용되어 그 파생적인 부가 수입은 매우 크다. 우리나라 캐릭터산업의 시장은 약 4조5000억원으로 대부분 애니메이션에서 파생된 상품들로 구성되어 있다. 즉, 애니메이션이 발달하면 캐릭터산업도 발달하게 되어 있다. 또한 애니메이션의 장점은 문화적 장벽이 낮아 해외 수출이 가능하다는 점이다. 과거 우리가 일본의 애니메이션을 우리나라 것으로 착각한 것은 애니메이션 국적을 파악하기 어려웠기 때문이다. 이는 역으로 문화적인 장벽이 낮아, 좋은 작품만 만들면 문화에 의한 할인 없이 얼마든지 수출이 가능하다.

다행히 최근 들어 국내 애니메이션산업은 성장성을 회복하고, 성공사례와 새로운 비즈니스 모델 탄생 등 재기의 신호탄들이 도처에서 나타나고 있다. 방송용 애니메이션 뿌까뿌까, 뽀롱뽀롱 뽀로로 등이 유럽 등지에서 히트를 하면서 수출상품으로서 손색이 없는 애니메이션의 진가를 보여주고 있다. 뿌까뿌까는 2006년 한 해 동안 150여 개국에 진출하여 수출총액이 1400억원을 넘어섰고, 2007년 들어서도 상반기에 이미 작년 매출을 초월하고 있다. 유아용 3D 애니메이션 뽀롱뽀롱 뽀로로는 2003년 말 첫 방송 이후 프랑스 · 영국 · 일본 등 30여 개국에서 방영했거나 방영하기로 계획되어 있다. 2004년 프랑스 방송사 TF1에서 방영돼 시청률 1위에 올랐고, 애니메이션 본국 일본에까지 진출하여 후지TV에도 방송되고 있다. 또한 로보트 태권브이의 히트는 극장용 애니메이션은 가능성이 없다라는 인식을 불식시키기에 충분했다.

특히 발달된 정보통신 기술로 2D에서의 열세를 3D(3차원)에서 만회할 수 있는 교두보를 마련하고 있고, 온라인의 발달로 플래시 애니메이션 등 인터넷 만화의 새로운 형태가 등장하여 애니메이션에서 절대적으로 필요한 이야기꾼의 풀을 확대하고, 새로운 비즈니스 모델을 개발하는 데 활력소로 작용하고 있다.

이와 같이 국내 애니메이션산업에서의 긍정적인 징후들은 과거 양적인 세계1위 하청수출국을 뛰어넘는 진정한 질적 세계 1위로 도약할 수 있는 가능성을 예고해주는 것이라 하겠다.

〈고정민, 조선일보〉

참고 3 – '플랜더스의 개'로 유명한 벨기에 '앤트워프'

만화영화 플랜더스의 개는 앤트워프 근처 호보켄 마을의 소년 네로와 충견 파트라셰의 이야기다. 가난 속에서 미술가의 꿈을 키워 가던 네로는 결국 앤트워프 대성당에서 파트라셰와 함께 숨을 거둔다. 지금 앤트워프 대성당에는 매일 300~400여 명의 일본인 방문객이 끊이지 않는다. 대성당 관리소의 헤르베르트씨는 "일본인들은 그저 이야기 속의 소년을 떠올리기 위해 2유로(2800원)의 입장료를 낸다"고 말했다.

지난 2006년 앤트워프를 찾은 일본인 관광객은 무려 6만 명. 단일 국가로는 최대다. 이 중 1만5000여 명은 호보켄까지 찾아간다. 이들을 위해 '네로와 파트라셰 도보 여행'이라는 일본어 · 한국어 안내 책자가 나왔고, 네로와 파트라셰의 동상까지 세워졌다.

앤트워프 시청의 얀 코르텔씨는 "일본인들이 몰려오기 시작한 것은 1980년대 초반부터"라고 전했다. 1975년 이 만화영화가 일본 TV 방송을 탄 뒤, 이 만화를 보고 자란 10대 소년소녀들이 성인이 되자 이야기의 배경 무대를 찾기 시작한 것이다. 1990년대 후반부터는 한국인 관광객들도 줄을 잇고 있는데, 이들은 1980년대에 만화영화를 본 세대들이다.

본래 이 이야기의 원작은 프랑스계 영국 작가 마리-루이즈 들라 라메(de la Ramee)의 소설이다. 이를 주미 일본대사관의 한 외교관이 일본에 소개했고, 일본인들이 만화영화로 제작해 세계적 고전(古典)이 됐다. 이 이야기가 창출해낸 경제적 가치는 최소 40억 달러(3조7200억원) 이상으로 추정된다. 저작권은 니폰애니메이션이 갖고 있으며, 관광 수입은 벨기에가 챙기고 있다. 이야기 경제가 창출하는 부(富)의 연쇄고리의 사례였다.

〈정철환, 조선일보, 2008.1.3〉

03 음악산업

1) 현황

최근 음악산업은 음반산업의 계속된 침체에도 불구하고 벨소리, 통화연결음, MP3다운로드, 스트리밍, 온라인음악서비스 등 디지털 음악산업으로 꾸준히 성장하여 다양하고 새로운 부가가치를 만들어내는 새로운 수익모델을 추구하고 있다.

국내 음악산업의 규모는 2006년 약 2조2,358억원으로 이 중 음악제작업과 음악기록 매체복제업 2,903억원(13%), 음악도소매업이 1,685억원(8%), 온라인음악유통업이 3,562억원(16%), 음악공연업이 1,887억원(8%), 노래연습장업이 1조 2,321억원(55%)으로 나타났다. 특히 국내 음반산업의 규모는 2006년 848억원으로, 2000년 4,104억원의 음반산업 규모와 비교해 6년 사이 무려 79.34% 감소하였다.

[그림 4-1] 음악산업 가치사슬(Value Chain)

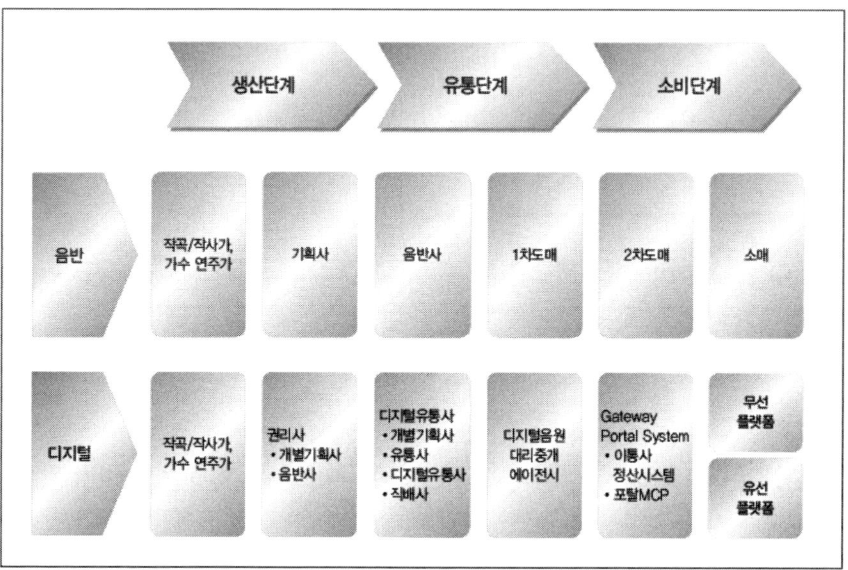

자료 : 한국문화콘텐츠진흥원, 2007 음악산업백서, 2007.

2006년 주요 음반 매출을 살펴보면 50만장 이상 판매된 음반은 전무하며, 30만장 이상 판매된 음반인 동방신기 3집과 SG워너비 3집 뿐이다. 그리고 20만장 이상 판매량을 보이는 음반도 신화 8집과 이수영 7집으로 총 2개 앨범에 그쳤다. 이러한 국내 음반의 저조한 판매로 도매상의 경우 2001년 25개사 중 3개사만이 남아있으며, 소매상의 경우도 서울 강남 타워 레코드(2000)와 신나라레코드 강남점(2004), 종로 뮤직랜드(2004)가 2000년대 초반 폐업하기 시작해 2001년 2000여 개에서 현재 300여 개로 매우 급격하게 축소되었다.

최근 디지털 음악 상품의 출현은 음악 감상 및 구매 패턴의 변화를 주었고, 음원제작의 디지털화, 음악서비스 플랫폼과 감상매체까지의 디지털 전송화, 음반 포맷의 디지털화 등 디지털음악산업이 점차 음악산업의 중심축이 되고 있다. 디지털 음악산업의 매출액은 벨소리와 통화연결음 등의 모바일 시장과 온라인 음악시장의 성장으로 2006년 3,562억원 규모로 성장하였다.

[표 4-13] 국내 음악산업 규모(2003년~2006년)

(단위 : 백만원)

<table>
<tr><th>구분</th><th>2003년</th><th>2004년</th><th>2005년</th><th>2006년</th></tr>
<tr><td>음악제작업</td><td rowspan="4">668,057</td><td rowspan="4">690,083</td><td>103,316(6%)</td><td rowspan="2">290,334(13%)</td></tr>
<tr><td>음악기록매체복제업</td><td>178,841(10%)</td></tr>
<tr><td>음악도소매업</td><td>91,350(5%)*</td><td>168,486(8%)</td></tr>
<tr><td>온라인음악유통업</td><td>26,725(15%)</td><td>356,191(16%)</td></tr>
<tr><td>음악공연업</td><td>–</td><td>–</td><td>–</td><td>188,715(8%)</td></tr>
<tr><td>노래연습장업</td><td>1,125,443</td><td>1,143,072</td><td>1,143,123(64%)</td><td>1,232,095(55%)</td></tr>
<tr><td>계</td><td>1,793,500</td><td>2,133,155</td><td>1,789,875(100%)</td><td>2,235,821(100%)</td></tr>
</table>

자료 : [표 2-1]과 동일.

음악산업의 수출입액은 2006년 각각 1,667만 달러, 834만 7,000달러로 국가별 수출은 미국, 영국, 프랑스, 독일의 수출액의 합계가 전체 수출액의 11%에 불과했지만, 일본이 전체의 55%를 차지했으며, 반면에 국가별 수입은 미국, 영국, 프랑스, 독일의 수출액의 합계가 총수입액의 82%를 차지했다. 이처럼 미국과 유럽지역에서는 수입이 수출을 압도하는 데 비해 아시아권에서는 수출이 수입을 앞서고 있음을 확인할 수 있다.

[표 4-14] 음반산업 국가별 수출 실적(2004년~2006년)

(단위 : 천 달러, 개)

구분	2004년		2005년		2006년	
	금액	수량	금액	수량	금액	수량
일 본	3,513	8,495,180	3,262	5,063,053	2,849	5,059,450
중화권	240	28,455	555	40,047	1,516	89,669
동남아	282	33,874	3,506	11,045	261	13,958
미 국	640	82,934	438	52,383	535	47,405
영 국	2	516	9	2,825	11	5
프랑스	14	10,000	8	3,031	8	673
독 일	52	127,251	26	7,134	11	1,746

[표 4-15] 음반산업의 국가별 수입 현황

(단위 : 천 달러, 개)

구분	2004년		2005년		2006년	
	금액	수량	금액	수량	금액	수량
일 본	1,140	189,747	933	198,021	972	164,334
중화권	96	402,469	118	277,362	173	60,809
동남아	31	41,716	8	5,706	72	16,455
미 국	2,031	679,470	2,064	588,014	1859	499,590
영 국	852	206,831	814	205,379	745	186,799
프랑스	521	99,700	570	89,147	407	53,418
독 일	2,060	563,959	2,321	593,942	2581	570,734

2) 세계 음악산업

국제음반산업연맹(International Federation of Phonographic Industry; IFPI)에 의하면 전세계 음악산업은 미국, 일본, 영국, 독일, 프랑스 등 전통적인 음악산업 강국들이 1위에서 5위를 차지하고 있으며, 매출액은 31,813백만 달러를 기록하였다.

[표 4-16] 국내 직배사 매출 및 로열티 현황(2001년~2006년)

(단위 : 백만원)

구분		2001년	2002년	2003년	2004년	2005년	2006년
유니버셜	로열티	13,310	14,431	6,700	4,300	4,328	3,619
	매출액	33,078	31,986	20,000	13,400	12,098	12,101
EMI	로열티	3,985	2,496	2,760	3,530	2,102	3,000
	매출액	13,493	11,893	26,834	11,353	9,995	8,500
소니뮤직	로열티	7,929	6,515	5,086	5,200	※ 소니비엠지 합병	
	매출액	21,734	16,948	12,455	12,625		
비엠지 코리아	로열티	2,494	3,168	1,782	2,049		
	매출액	14,069	14,892	10,343	10,293		
소니비엠지	로열티	※ 소니비엠지 합병				5,419	4,709
	매출액					15,083	17,607
워너뮤직	로열티	6,026	4,089	3,478	–	–	1,400
	매출액	17,433	12,513	8,846	–	–	8,100
합 계	로열티	33,744	30,699	19,806	15,079	11,849	12,728
	매출액	99,807	88,232	78,478	47,671	37,176	46,308

자료 : [표 2-1]과 동일.

[그림 4-2] 세계 음악산업 규모 및 성장률(1997년~2006년)

(단위 : 백만달러, %)

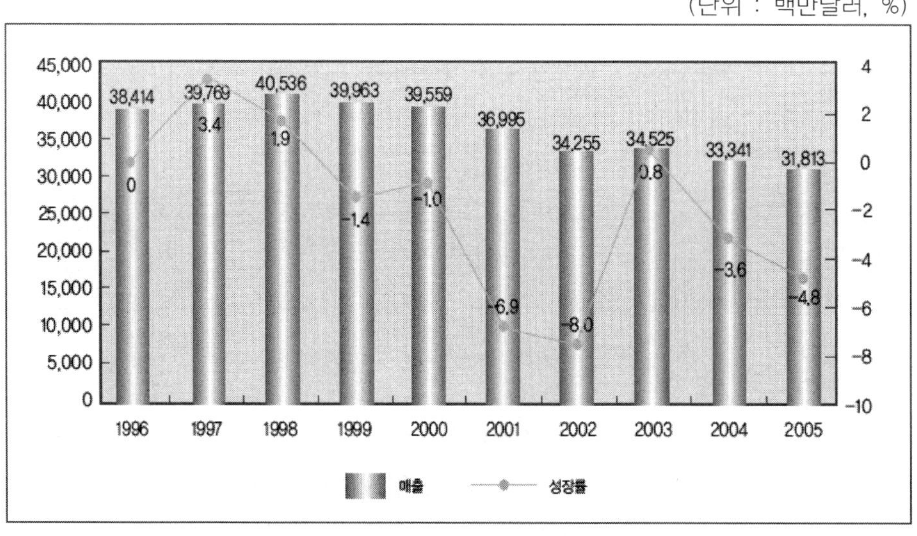

자료 : [표 2-1]과 동일.

전세계 음악산업 중 디지털 음악산업은 불법 온라인 다운로드[9]의 정비, 국가별 강력한 저작권 단속, 모바일 음악서비스의 성장 등에 의하여 크게 성장하였는데 전세계 디지털 음악산업 매출 중 가장 높은 비율을 차지한 서비스 형태는 32%를 기록한 벨소리이며, 온라인 다운로드(싱글 27%, 앨범 13%)도 40%의 점유율을 보이고 있다.

3) 주요 정책 및 전망

국내 음악 시장은 댄스음악 및 발라드에 편중되어 있고 국내 음악콘텐츠는 다양성이 부족하다. 따라서 국내음악산업이 발전되기 위해서는 음악산업의 장르 다변화를 유도하고 마니아층 형성을 통해 창작자 자생기반을 조성해야 한다. 또한 음악산업의 해외 진출을 위해서는 영화음악, 드라마, OST 등 특화된 장르의 수출용 음악콘텐츠 지원을 통한 다양한 콘텐츠의 해외진출 여건을 조성하고, 국내아티스트의 해외 진출을 위한 해외 공동 비즈니스 중심의 기획 콘텐츠를 지원하여 음악콘텐츠의 해외 현지화 및 현지 경쟁력을 확보해야 한다. 그리고 한국대중음악을 아시아권 해외 음악관계자를 대상으로 직접 마케팅 및 홍보 활동을 추진하여 실질적인 한류 확산을 적극적으로 도모해야만 한다.

국내 음악산업의 경우 IT 인프라와 함께 디지털 음악 시장은 급격히 성장함에 따라 새로운 수요 시장이 형성되고 있어 여전히 음악산업에서 큰 비중을 차지하고 있다. 또한 디지털 음악산업에서 벨소리, 통화연결음 등 모바일음악서비스업의 성장으로 인해 이동통신사의 역할이 상당히 큰 비중을 차지하게 되었으며, 음반사의 합병이나 온라인 음악서비스업의 병행 등을 통해 디지털 음악산업의 핵심에 존재하게 되었다.

---

9) 2006년 전세계 오프라인 음반 판매 시장 중 3분의 1정도가 불법으로 유통되는 것으로, 이 시장 규모는 45억 달러, 총 판매 개수는 12억 개, P2P를 통한 불법 온라인 다운로드 곡수는 연간 무려 200억 곡에 이름. 불법 음악유통으로 음악 산업계가 입은 피해액은 6,000억 달러로 이 규모는 전세계 음악산업 규모의 약 19배에 달하는 엄청난 규모임.

참고 1 – 온라인 불법 음악물 185억여곡, 286억여원 규모

저작권보호센터의 '저작권 침해방지 연차보고서'에 따르면 온라인에서 유통되는 불법 음악물 거래량(2006년 기준)은 185억 여 곡, 피해 규모는 286억 여원에 달한다. 주요 100여개 사이트를 통해 유통되는 불법 음악물은 온라인 이용자의 다운로드나 스트리밍(실시간 재생)을 통해 이용되는 동시에 다른 사이트에 업로드돼 불법물 유통량이 급속도로 증가하게 된다. 보고서에 따르면 온라인에서 음악의 불법물 거래량은 185억여곡. 2006년 한해 온라인에서 유통된 불법 음악물은 P2P를 통한 유통량이 100억7천만여곡으로 가장 많고 웹하드 60억3천만여곡, 포털 24억2천만여곡으로 나타났다.이중 포털은 다른 온라인 유통 경로와 달리 불법물 이용이 대부분 무료로 이뤄지는 특징이 있다.

가요계의 피해 사례는 이미 빈번하다. 디지털 음악 중심으로 음악시장이 재편되면서 오프라인 음반시장이 1990년대에 비해 10분의 1 수준으로 축소됐으나 정작 주수입원이 돼야할 디지털 음악 시장에서 불법 유통이 판을 쳐 가요계가 침체일로라는 하소연도 끊임없이 이어지고 있다. 또 근년들어서는 에픽하이, 자우림, 원더걸스, 서인영, 이효리 등 수많은 가수들의 새 음반이 발매 직전 포털에서 운영하는 블로그와 카페 등에 불법 유출돼 금전적 · 정신적 피해를 호소하고 있다.

〈이은정, 연합뉴스, 2008.10.7〉

참고 2 – 쓸쓸히 사라져 가는 카세트 테이프

한때 음반시장을 호령했던 카세트 테이프가 이제 오디오북 시장에서도 밀려나면서 퇴출 위기에 놓여있다. 프랑스 최대 출판사 중의 하나인 아셰트의 뉴욕 지사는 며칠 전 카세트 테이프를 위한 '장례식'을 거행했다. 수요 급감으로 지난 6월 카세트 테이프 형태의 오디오북 출시를 중단한 데 따른 것이다. 해마다 340여 종의 카세트 테이프 제품을 출시하는 블랙스톤 오디오사(社)도 내년 이후에는 카세트 테이프 생산을 중단할 예정이다.

CD와 MP3가 발명되기 전, 카세트 테이프는 그 편리한 사용법 덕에 오랜 기간 사랑을 받아왔다. 카세트 테이프는 특히 녹음하기가 쉬워 연인들이 좋아하는 노래를 녹음해 주고 받는 사랑의 메신저로 쓰였다.1979년 일본 전자회사 소니가 휴대용 카세트 테이프 재생기기인 '워크맨'을 출시하자 카세트 테이프는 절정의 인기를 누렸다. 소니 워크맨을 들으며 조깅을 하는 것은 당시 유행의 상징이었다. 하지만 CD와 MP3 같은 새로운 제품이 발명되면서 카세트 테이프의 인기는 점점 시들어갔다.

미국음반산업협회(RIAA)는 2007년 팔려나간 카세트 테이프 음반은 40만개로, 온. 오프라인을 포함한 전체 음반 판매 규모의 0.1%에 그쳤다. 이보다 10년전인 1997년 판매량은 1억7천300만개였다. 카세트 테이프의 마지막 보루였던 오디오북 시장에서도 카세트 테이프는 총 판매량의 7%를 차지하는데 그쳤다. 이에 따라 반스 앤드 노블이나 보더스 같은 미국의 대형 서점들은 카세트 테이프로 된 오디오북 주문을 중단하거나 줄여나가고 있다. 카세트 테이프 수요 급감은 다른 산업에도 영향을 미치고 있다.

휴대용 카세트 테이프 플레이어 판매 수요가 줄어든 것은 물론, 자동차 안에 카세트 테이프 재생 장치를 설치하는 경우도 줄어들고 있다. 지난해 미국에서 팔린 자동차 중 카세트 테이프 재생장치를 내장한 것은 전체의 4%에 불과했다.

〈이연정, 연합뉴스, 2008.7.29〉

04 게임산업

1) 현황

국내 게임 시장 규모는 2006년 7조4,489억원으로 이 중 제작·배급 시장에 해당하는 5개 게임 플랫폼에 의한 규모는 2조8,796억원(38.7%), PC방, 아케이드게임장, 비디오게임장 등 전체 소비·유통의 규모는 4조5,693억원(61.3%)이다. 분야별로는 아케이드게임장이 2조6,770억원으로 전체의 35.9%를 차지하고 있고, 온라인게임이 1조7,768억원에 달한다.

[그림 4-3] 2006년 국내 게임 시장 분야별 비중(전체 시장 기준)

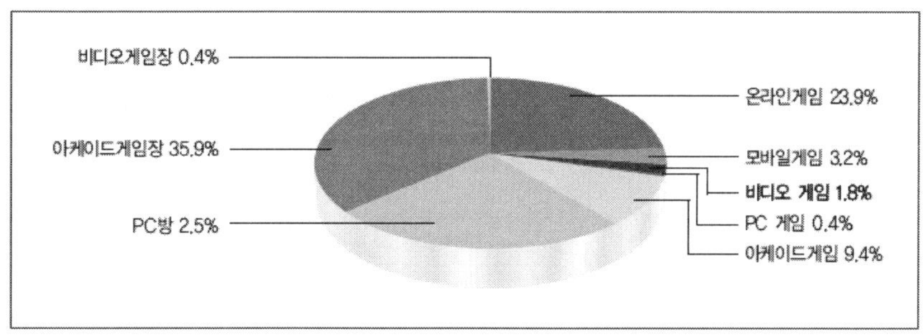

자료 : 한국게임산업진흥원, 2007 대한민국 게임백서, 2007.

그러나 게임 시장은 사행성 문제로 아케이드게임장과 아케이드게임이 구조조정으로 그 규모가 감소하였으며,[10] 온라인게임 분야는 게임 개발에 소요되

10) 2006년 아케이드게임은 바다이야기 사태로 전년도에 비해 샤장 규모가 많이 축소되었다. 특히 성인용 경품취급게임(Amusement With Prize) 금지, 스크린경마게임과 릴게임을 제조·유통업체 등의 폐업 등으로 성인용 아케이드게임 시장이 붕괴되었음.

는 막대한 개발비와 마케팅 비용의 증가로 인해 출시되는 게임의 수가 점차 줄어들고 있다. MMORPG는 점차 선두업체에서 제작, 배급하고, 중소기업에서는 캐주얼 게임처럼 비교적 가벼운 게임을 개발하는 추세이다. 또한 게임 과몰입이나 아이템거래 등 온라인게임과 관련된 사회적 우려가 여전하며, 외국 대형 온라인게임의 국내 진출로 인해 수출과 내수 시장 모두 위기를 맞고 있다. 그러나 여성과 장년층 중심의 지속적인 이용자층 확대 및 다양한 장르로의 이용자 분화, 대규모 게임업체를 중심으로 한 스튜디오형 퍼블리셔 모델이 자리를 잡아가면서 중소 게임개발사와 대형 퍼블리셔간의 협력 및 분업시스템이 점차 시장 안정화를 가져다줄 것으로 기대된다.

또한 비디오게임 시장은 휴대용게임기 시장의 침체와 PS3, Wii 등 차세대 게임기에 대한 높은 관심으로 기존 콘솔 하드웨어 및 소프트웨어 구매가 대폭 줄었기 때문에 그 규모가 감소하였으며, PC게임 시장도 불법복제로 인해 주요 개발사들이 온라인게임 개발로 전환함으로써 제작 기반이 붕괴됨에 따라 그 규모가 감소하였다.

[표 4-17] 2006년 국내 게임 시장 전체 규모

(단위 : 억원, %)

구 분	매출규모	점유비율
온라인게임	17768	23.9
모바일게임	2390	3.2
비디오게임	1365	1.8
PC게임	264	0.4
아케이드게임	7009	9.4
PC방	18647	25.0
아케이드게임장	26770	35.9
비디오게임장	276	0.4
계	74489	100.0

자료 : [그림 4-3]과 동일.

2) 수출 · 입 현황

게임산업의 수출은 2006년 6억7,199만 달러, 수입은 2억756만 달러로 온라인게임의 수출 주도세와 비디오게임의 수입 주도가 지속되었다.

[표 4-18] 국내 게임 시장 수출 · 수입 추이 및 전망

(단위 : 천 달러)

연도	2001년	2002년	2003년	2004년	2005년	2006년	2007년(E)	2008년(E)
수출	130,470	140,796	172,743	387,692	564,660	671,994	789,593	908032
수입	65,340	160,962	166,454	205,108	232,923	207,556	249,067	286427

자료 : [그림 4-3]과 동일.

특히 온라인게임이 게임 플랫폼 수출액에서 차지하는 비중은 2006년 89.3%이며, 모바일게임도 1.2%이다. 또한 국내 게임의 해외수출 주요 국가로는 일본이 32.4%, 중국 23.6%, 미국 19.9%, 대만 9.4%, 동남아 7.3%, 유럽 6.3%, 기타 지역 1.1%의 순이다.

[그림 4-4] 2006년 국내 게임의 해외 수출 국가별 비중

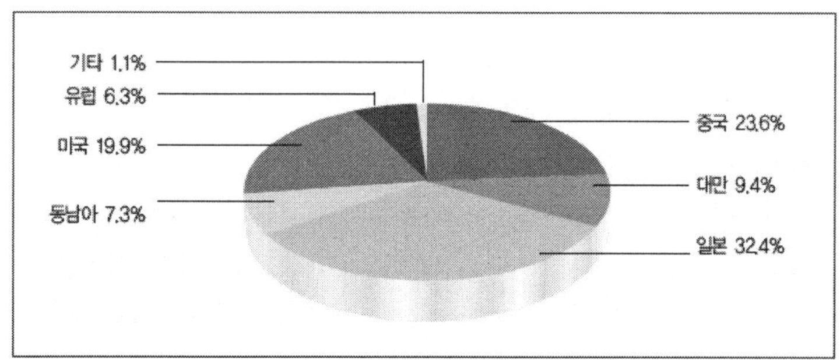

자료 : [그림 4-3]과 동일.

3) 기업 및 종사자 현황

국내 게임업체의 누적 수는 2006년 12월말 기준으로 3,631개에 달하고 있다. 이 중 76.7%인 2,786개사가 게임 제작업체이고, 23.3%인 845개사는 배급업체이다. 또한 PC방은 2006년 20,986개소, 아케이드게임장은 8,185개소에

달한다. 한편 게임산업 총 종사자는 2006년 32,714명으로 한 업체당 평균 종사자 수는 22.5명이다. 전체 종사자 수는 사행성 게임장의 여파로 인해 아케이드게임 산업의 침체, 게임 기업의 M&A 및 사업 다각화를 통한 구조 조정, 아웃소싱 등 경영전략에 의해 게임업체의 수가 대폭 줄어들었기 때문에 전반적으로 감소하였다.

[표 4-19] 게임업체 연도별 현황

		연도별 현황(누적)							
		1999년	2000년	2001년	2002년	2003년	2004년	2005년	2006년
일반업체	제작 업체수	416	952	1,381	1,774	2,059	2,567	2,839	2,786
	배급 업체수	278	547	736	859	921	1,001	958	845
소계(제작/배급)		694	1,499	2,117	2,633	2,980	3,568	3,797	3,631
PC방		15,150	21,460	22,548	21,123	20,846	20,893	22,171	20,986
아케이드게임장		18,516	25,415	20,755	13,265	13,821	14,133	15,094	8,185
소계(소비유통)		33,666	46,875	43,303	34,388	34,667	35,026	37,265	29,171
총 업체수		34,360	48,374	45,420	37,021	37,647	38,594	41,062	32,802

자료 : [그림 4-3]과 동일.

4) 국내 게임산업의 국제 경쟁력

국내 게임 시장이 세계 시장에서 차지하는 비중을 살펴보면, 온라인게임(PC기반)이 36.5%로 게임플랫폼 가운데 가장 높으며, 그 다음으로 아케이드게임이 10.8%, 모바일게임 7.2%, PC게임 및 비디오게임에 각각 0.9%. 0.5%의 순으로 나타났다. 세계 시장에서 아케어드게임 다음으로 큰 비중을 차지하는 비디오게임 분야에서의 국내 시장 비중은 여전히 매우 낮아서 타 플랫픔에 비해 세계 시장 점유율면에서 가장 낮다. 온라인게임은 지난해에 비해 4.6% 정도 비중을 확대한 반면, 모바일게임과 아케이드게임은 각각 4.9%. 3.4%씩 비중이 축소되었다.

세계 주요국 가운데 한국 게임산업이 차지하는 위치는 온라인게임이 18억 6100만 달러로 1위를 차지하고 있으며, 모바일게임은 미국, 일본, 중국에 4어

4위의 규모를 차지하는 것으로 나타났다. 아케이드게임의 경우 6위의 규모를 차지하는 것으로 나타났으며. 비디오게임과 PC게임의 경우 15위권에 머무르고 있다.

[표 4-20] 2006년 국내 게임의 세계시장 점유 비율

구분	아케이드게임	PC게임	온라인게임	비디오게임	모바일게임	전체
세계 게임 시장	327.05	32.51	51.03	300.56	34.74	745.89
국내 게임 시장	35.37	0.28	18.61	1.43	2.50	58.19
점유율	10.8	0.9	36.5	0.5	7.2	7.8
순위	6(추정)	15(추정)	1	15(추정)	4	-

자료 : [그림 4-3]과 동일.

5) e-스포츠와 프로게이머

e-스포츠는 2005년 한국e-스포츠협회 출범과 기업 후원 중심의 구단 운영 등과 함께 e-스포츠 종주국으로 우리나라 e-스포츠의 국제화를 선도하고 있다. e-스포츠가 각종 언론 및 청소년 팬들의 관심을 받고 신규 스포츠로 인정받게 된 데에는 프로게이머의 영향이 컸다.

프로게이머란 게임물을 이용하는 경기 및 부대활동에 출전 참여하여 직·간접적으로 수익을 창출하는 직업을 뜻하며, 프로게임단은 게임대회를 통하여 소속사의 홍보 및 상금 획득을 목적으로 프로게이머를 선발·보유·육성·지원하는조직을 말한다.

일반적으로 프로게임단은 로고와 전용 연습장을 갖추어야 하고 감독 또는 매니저가1명 이상, 소속 게이머는 2명 이상일 것을 원칙으로 하나, 프로게임단 자체 형태에 따라 예외가 있을 수 있다. 프로게임단은 운영에 있어서 기업팀과 비기업팀으로 나눌 수 있다. 기업팀은 소속 기업의 홍보효과를 위한 여타 스포츠 종목과 마찬가지로 브랜드 가치 향상을 위해 활동하는 팀이다.

[표 4-21] 프로게임단 현황

프로게임단	창단 및 후원기업	업 종	선수구성
MagicN's	KTF	이동통신	감독, 코치(3), 선수(13)
KHAN	삼성전자	디지털미디어	감독, 코치(1), 선수(20)
한빛 Stars	한빛소프트	게임개발	감독, 코치(0), 선수(18)
SK Telecom T1	SK텔레콤	이동통신	감독, 코치(1), 선수(20)
Pantech EX	Pantech	모바일 단말기	감독, 코치(1), 선수(17)
르까프 OZ	화승 르까프	스포츠웨어	감독, 코치(1), 선수(16)
MBC 게임 HERO	MBC 게임	e-스포츠 전문방송	감독, 코치(2), 선수(16)
CJ ENTUS	CJ	그룹사	감독, 코치(1), 선수(17)
온게임넷 SPARKYZ	온게임넷	e-스포츠 전문방송	감독, 코치(1), 선수(19)
eSTRO	IEG		감독, 코치(1), 선수(14)
STX SouL	STX	조선	감독, 코치(2), 선수(17)
공군게이맘	공군	공군	감독, 코치(2), 선수(5)

자료 : [그림 4-3]과 동일.

6) 게임 전문 방송

1999년 게이블TV 채널인 투니버스의 방송으로 게임전문채널의 등장이 본격 성장의 계기로 작용하였다. 온게임넷,[11] MBC게임[12] 등 게임전문채널은 e-스포츠를 상시적으로 중계할 뿐만 아니라 자체적으로 e-스포츠 리그를 운영하여 협찬금, 광고, 수신료, VOD 수입 등의 수입을 얻고 있다. 특히 최근 e-스포츠에 대한 관심이 늘어나면서 CJ미디어의 슈퍼파이트의 진입과 더블어 곰TV, 다음, 하나TV 등의 등장으로 위성방송과 여타 케이블TV 채널, 인터넷방송, IPTV 등에서도 e-스포츠 중계를 시도하고 있다.

7) 세계 게임 시장 동향

세계 게임 시장은 2006년 약 746억 달러로 이 중 아케이드게임이 43.8%로

11) 1997년 애니메이션채널인 투니버스에서 방영된 게임정보 프로그램인 '게임플러스'를 모태로 2000년 7월 개국한 온게임넷은 국내 최초 및 최대의 게임전문 채널로 독보적인 입지를 구축하였다.

12) 2001년 5월 '겜비씨(Gembc)'로 개국한 이후, 2003년 채널명을 변경한 MBC게임은 온게임넷과 함께 현재 국내 e-스포츠 방송 시장을 양분하고 있다.

가장 높은 비중을 차지하고 있으며, 다음으로 비디오게임 40.3%, 온라인게임이 6.8%, 모바일게임이 4.7%, PC게임이 4.4%에 달한다. 게임 플랫폼 내에서 세계 각 권역의 점유율을 살펴보면, 아케이드 게임, 온라인게임과 모바일게임에서 아시아 지역이 가장 높은 비중을 차지하고 있으며, PC게임은 유럽 지역이, 비디오게임에서는 미국의 비중이 가장 높다.

세계적으로 게임 산업은 꾸준히 양적으로 성장하고 있다. 우선 세계 아케이드게임 시장은 2006년 기준으로 327억 달러 규모를 형성하고 있으나, 게임장의 대형화·복합화와 아케이드 기술의 발달에 따른 이용자의 유인 등으로 2009년에는 362억 달러 규모에 이를 것으로 전망된다. 특히 해외에서 아케이드게임장의 복합화는 기존의 음식점이나 테마파크와 같은 시설과 결합함으로써 가족 중심의 복합 엔터테인먼트 센터로 자리잡아가고 있고, 전문 게임장이 아닌 거리나 주요 시설에서 쉽게 접할 수 있는 싱글로케이션 게임으로 확산되고 있다.

또한 비디오게임은 Sony PS3와 Nintendo Wii가 지역적인 한계를 넘어서 세계 동시 발매를 하게 됨에 따라 그 동안 상대적으로 부차적으로 여겨졌던 유럽 시장이 대폭 활성화 될 수 있는 가능성을 보여주고 있다.

[표 4-22] 세계 게임시장 현황 및 전망

구 분		2004	2005	2006	2007	2008	2009
아케이드	매출액	32,526	35,076	32,705	33,503	34,824	36,191
PC	매출액	4,122	3,639	3,251	3,042	2,847	2,664
비디오	매출액	21,045	21,495	30,056	37,415	33,374	28,424
온라인	매출액	2,713	3,775	5,103	6,470	8,634	10,156
모바일	매출액	1,817	2,338	3,474	4,688	5,923	7,125
합계	매출액	62,223	66,323	74,589	85,118	85,602	84,560

세계 온라인게임 시장은 2006년 51억 달러로 아시아지역이 전체의 60% 이상을 차지하고 있다. 세계 온라인게임 시장은 PC기반 온라인게임(PC-based MMOG) 뿐만 아니라 콘솔기반 온라인 게임(Console-based MMOG), 모바일기반 온라인게임(Mobile-based MMOG)으로 플랫폼이 다양화되고 있으며, 게

임 장르의 확장으로 판타지류에서 캐주얼게임으로 이용자 확산이 이루어지고 있다.

8) 주요 정책 및 과제

1999년 2월「음반비디오물 및 게임물에 관한 법률」에 의해 게임산업의 초석이 마련된 이후 게임산업을 독립적인 영역으로 인식하고 타 문화콘텐츠와의 차별적인 특성을 고려한 특별법으로서「게임산업진흥에 관한 법률」이 제정(2006년 4월)되었고, 2007년 1월 개정되면서 게임산업의 진흥과 규제 등 관련 정책에 대한 법적 근거와 다양한 정책이 지속적으로 추진되고 있다.

국제 게임전시회인 '지스타 G-Star'(Game Show & Trade, All-Round), WCG (World CyberGames) 개최 등으로 우리나라의 게임산업은 매년 50~70개국에서 2만 명 이상이 참가함으로써 명실공히 세계적인 게임축제로 자리잡았다. 2000년 11월에 게임아카데미를 설립으로 매년 250여명의 전문인력을 배출하여 세계 게임산업의 변화를 반영하고 국제적인 경쟁력을 확보하는 동시에 세계적인 게임산업 리더로서 한국 게임의 역량을 갖추기 위한 노력을 꾸준히 하고 있다.

참고 1 – 스타크래프트 · 리니지 '이유있는 10년 장수'

국내 게임계의 양대 산맥으로 꼽히는 PC 패키지게임 스타크래프트와 온라인게임 리니지가 출시된 것이 올해로 10년이다. 두 게임 모두 1998년 서비스를 시작한 이후 지금까지 두터운 마니아 층을 확보하고 있는데 이는 앞서가는 독특한 게임 시스템과 꾸준한 업데이트 등이 인기 비결이라는 분석이다.

스타크래프트는 미국 게임업체 블리자드엔터테인먼트가 개발한 전략 시뮬레이션 PC용 CD게임이다. 지난해까지 전 세계에 950만장 이상 팔렸다. 국내 판매량만도 450만장이나 된다. 중저가 보급형 PC에서도 원활하게 즐길 수 있는 2차원 그래픽과 전략 위주의 게임 구성으로 10대는 물론 20, 30대에게 쉽게 다가설 수 있었다. 빠른 진행과 프로토스, 테란, 저그 등 세 종족 간 적절한 균형은 대전을 좋아하는 한국인의 입맛에도 잘 맞았다.블리자드의 온라인게임 서비스 배틀넷을 통해 전 세계 게이머들과 전략 대결을 가능케 한 시스템도 한몫을 했다.

현재 배틀넷에 등록된 유효 계정 수는 1300만여개에 달한다. 무엇보다 스타크래프트가 갖는 의미는 e스포츠 산업의 효시라는 점이다. 스타크래프트를 즐기는 게이머들로 대규모 팀이 구성되더니 프로게임단까지 결성됐다. 한국 e스포츠에 등록된 프로게이머는 287명으로 12개 구단에서 활동 중이다.

처음으로 온라인게임에 공성전(적의 전략적 요충지인 성을 공격하는 전쟁 형태) 시스템을 도입한 다중접속역할수행게임(MMORPG) 리니지는 서비스 15개월 만에 100만 회원을 돌파했으며, 전 세계 누적 매출은 1조414억원. 단일 게임으로 매출 1조원을 돌파하였다. 한 달에 한 번이라도 접속하는 사람만 110만명, 2008년 3월 기준으로 동시접속자 수는 16만3000여명이나 된다. 현재 리니지를 서비스하는 나라는 미국, 브라질, 일본, 중국, 콜롬비아, 쿠바, 칠레, 호주 등 26개국이다.

리니지를 개발, 유통하는 온라인게임 업체 엔씨소프트는 리니지의 성공 요인으로 정기 업데이트 등 고객 서비스와 커뮤니티 활동을 꼽는다. 게임마스터가 게이머의 의견을 개발팀에 전달하고 오프라인 고객 간담회 내용을 약 6개월마다 에피소드로 추가, 반영한 것이 제대로 먹혔다는 분석이다. 보급형 저사양 PC에서도 제대로 가동되는 2차원 그래픽을 활용함으로써 게임 접근성을 높인 것도 성공 요인이다. 리니지는 커뮤니티 활동으로도 바람몰이를 했다.

〈민지혜, 한국경제신문, 2008.5.28〉

참고 2 – 벼랑 끝에 선 게임 코리아

게임업계가 성장률 하락보다 더 우려하는 것은 온라인게임이나 게임산업에 대한 나빠진 여론이다. 2006년 8월 '바다이야기 사태'가 터진 뒤 '게임은 해롭다'는 인식이 팽배해 있다. 이에 따라 정부는 게임산업에 대한 규제를 강화하여 게임물등급위원회가 신설하였고 게임산업에 대해서는 진흥보다는 규제 위주의 정책이 펼쳐졌다.

예를 들어 게임산업진행법을 고쳐 PC방을 자유업에서 등록제로 바꾼 것이 대표적이다. 게임산업의 인프라인 PC방에 대한 고강도 규제는 게임산업에 직격탄이 됐다. 2005년 2만2171개였던 PC방이 지난해엔 2만986개로 줄었다. PC방 등록제가 시행될 경우 PC방 6000여개가 추가로 사라진다. 사행성 게임장을 단속하기 위한 조치가 한때 유망산업으로 불렸던 게임산업까지 죽이는 결과를 초래하고 있다. 게임업계 종사자들의 사기도 땅으로 떨어졌다.

〈임원기, 한국경제신문, 2007.12.27〉

중국 다중접속역할수행게임(MMORPG) 순위

2004년 10월말				2007년 10월말			
순위	게임명	서비스업체	동시 접속자수	순위	게임명	서비스업체	동시 접속자수
1	미르의 전설2(한국)	산다	50만명	1	멍환시유(중국)	왕이	120만명
2	전기세계(중국)	산다	50만명	2	쩡투(중국)	쩡투	100만명
3	메이플스토리(한국)	산다	30만명	3	텐룽바부(중국)	서후	70만명
4	뮤(한국)	더나인닷컴	10만명	4	먼다오(중국)	광유	60만명
5	라그나로크(한국)	차이니즈게임즈	5만명	5	주센(중국)	퍼팩트타임즈	50만명

참고 3 - 글로벌 기업의 먹잇감 되나…

美 · 日 · 中 거대자본, 한국업체 무차별 사냥

10년 가까이 '한국 독무대'였던 온라인게임 시장은 이제 싸움판으로 바뀌었다. 비벤디게임즈와 블리자드(미국)를 자회사로 두고 있는 세계적 엔터테인먼트 그룹 비벤디는 지난 2일 액티비전(미국)을 인수 · 합병한다고 발표했다. 온라인게임 강자와 PC게임 · 비디오게임 개발사를 합쳐 거대 게임업체를 만들기로 한 것.

한국 온라인게임 업계를 위협하는 기업은 비벤디 뿐이 아니다. EA는 지난 3월 네오위즈 지분 19%를 1억500만달러에 인수했다. EA는 수년 전부터 네오위즈와 함께 '피파 온라인' '배틀필드 온라인' 'NBA 스트리트 온라인' 등 온라인게임을 공동 개발했다.이를 통해 온라인게임 노하우를 익혔고 이제는 신작 '워해머 온라인'을 한국 시장에 내놓기 위해 준비하고 있다.

온라인게임 '월드 오브 워크래프트(WOW)'와 '피파 온라인' 등으로 한국 게이머들에게 널리 알려진 블리자드나 EA는 매출 1000억원 안팎의 한국 업체들에는 버거운 상대이다. EA의 경우 매출이 4조원에 근접한다. 이런 막강한 자금력과 비디오게임에서 축적한 그래픽 노하우에 온라인게임 기술력까지 갖추면 온라인게임 시장을 장악하는 건 시간문제일 수 있다.

이런 점에서는 일본 소프트뱅크도 마찬가지다. 소프트뱅크는 2년 전 4000억원을 주고 그라비티를 인수했고 2001년과 2004년에는 각각 엔씨소프트와 CJ인터넷의 일본 법인에 투자했다. 한국 온라인게임 시장 공략에도 나섰다. 지난 3월 자회사인 경호온라인을 통해 한국 법인 경호코리아를 설립했다.

자회사 소프트뱅크 벤처스는 지금도 한국에서 투자할 만한 게임업체를 찾고 있다. 중국 업체들도 위협적인 존재로 부상했다. 샨다는 2004년 액토즈소프트를 인수해 한국 업계를 놀라게 했다. 3년이 지난 지금 중국엔 샨다 못지않은 게임업체가 수두룩하다. 이들은 한국 업체에 눈독을 들이고 있다.

외국 기업들이 한국 온라인게임 업체에 투자하거나 아예 인수하는 데는 이유가 있다. 한국이 축적한 온라인게임 개발 및 서버 운영 노하우를 확보하기 위해서다. 중국 샨다에 넘어간 액토즈소프트가 "껍데기만 남았다"는 말을 듣는 것도 이 때문이다.

세계 최고의 인터넷 인프라에 힘입어 연간 2조원 규모로 커진 한국 온라인게임 시장을 잡으려는 속셈도 있다. '바다이야기 파문'이 터진 지난해 여름 이후에는 게임업계에서 인수설이나 투자설이 심심찮게 흘러나왔다. 외국 기업이 공개적으로나 비공개적으로 의사를 내비치기도 했다. 게임업계 사람들은 외국 기업의 투자나 인수 제의를 '달콤한 유혹'이라고 말한다.

〈김정은, 한국경제신문, 2007.12.27〉

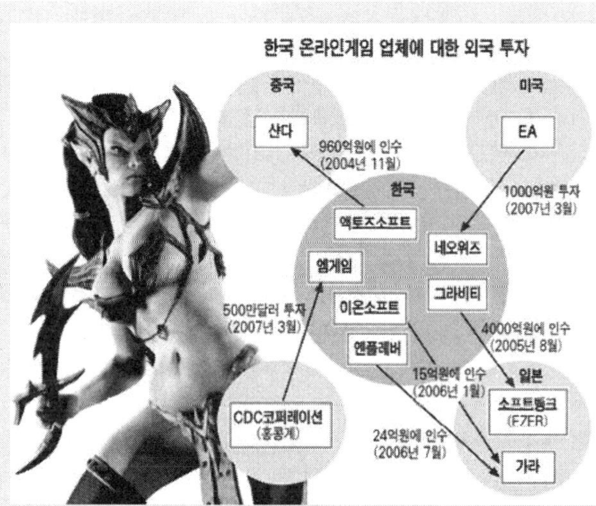

참고 4 – PC방 집단폐업 위기… 2만여명 무더기 실업 예고

전국 PC방 가운데 3곳 중 1곳 꼴인 6150개가 학교에서 200m 이상 떨어진 곳에 있어야 하는 등 등록 요건을 갖추지 못해 폐업 위기에 몰림에 따라 해당 업계는 물론 게임산업과 PC산업계에도 비상이 걸렸다. 당장 업소당 평균 3~4명씩 고용해 온 PC방 6000여곳이 문을 닫을 경우 해당 업주를 포함한 2만여명이 일자리를 잃게 된다.

PC방은 바뀐 법령에 따라 주택가와 학교로부터 일정 거리 이상 떨어진 곳에서 영업해야 하지만, 마땅한 대체 지역을 찾지 못한 업소가 적지 않다. PC방이 등록제로 바뀐 것은 2006년에 터진 사행성 게임 '바다이야기' 사건 때문이다. 이 사건 때문에 합법적으로 운영하던 PC방도 게임 머니를 돈으로 바꿔 주는 불법 환전을 일삼는 성인 PC방이나 스크린경마 게임장과 같은 취급을 받게 됐다. PC방이 청소년 탈선의 온상으로 낙인 찍혔다는 점도 등록제 실시와 무더기 폐업 위기의 원인으로 작용했다. 1998년 엔씨소프트의 온라인게임 '리니지'가 나오면서부터 PC방이 등장했고 때마침 미국 블리자드 엔터테인먼트의 PC게임 '스타 크래프트'가 선풍적인 인기를 끌면서 초창기 3000여개였던 PC방이 2001년에는 2만3548개로 늘었다. 청소년의 게임 중독이 사회 문제로 부각되면서 PC방이 인터넷 사용이나 문서 작성 등을 하는 곳이라기보다는 주로 게임하는 공간으로 인식될 수밖에 없었던 셈이다.

PC방 업주들의 모임인 인터넷PC문화협회는 자유업이었던 PC방을 등록제로 바꿔 기존 업주에게 소급 적용하는 것은 부당하다며 PC방 등록제를 폐지해 달라는 헌법소원을 낼 예정이다. 게임업계도 치명타가 예상된다. 1만4000여개 PC방과 계약을 맺어 온라인 게임을 공급하고 있는 A사는 게임 매출의 20%가량을 PC방에 의존하고 있다. 국내 대다수 게임업체들이 많게는 매출의 50%를 PC방을 통해 벌어들이고 있는 것으로 알려졌다. 삼성전자 LG전자 삼보컴퓨터 등 PC업체들도 PC방 무더기 폐업으로 PC 수요가 매년 30만대가량 줄어들 것으로 우려하고 있다.

〈박영태/민지혜, 한국경제신문, 2008.7.11〉

➡ 용어풀이

◆PC방 · 성인 PC방=컴퓨터 등 필요한 기자재를 갖추고 고객에게 인터넷 · 게임물을 이용하게 하거나 부수적인 정보를 제공하는 영업장을 말한다. '인터넷 카페'로 불리기도 한다. PC방 사업은 게임산업진흥법에 '인터넷컴퓨터 게임시설 제공업'으로 분류돼 있다. PC방은 사행성 게임의 온상으로 지적받고 있는 성인 PC방이나 스크린 경마 게임장과는 다르다. 성인 PC방에서는 성인을 상대로 고스톱, 포커 등 성인용 웹보드 게임을 제공하고 게임으로 번 게임머니나 아이템을 돈으로 바꿔줘 도박을 조장한다. 현행 게임법은 게임머니 · 아이템의 환전이나 성인을 대상으로 한 경품 제공을 불법으로 정하고 5년 이하의 징역이나 5000만원 이하의 벌금에 처하도록 하고 있다.

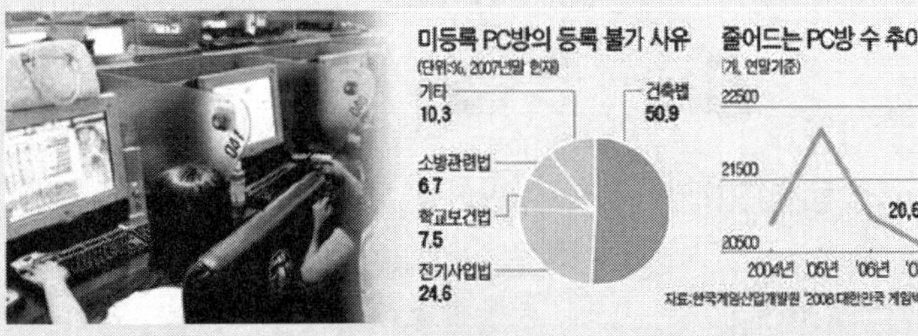

참고 5 – 인기 게임 한두 편에 마음 놓지 마라…살아남기 위한 덩치 키우기 전쟁

NHN의 게임개발 자회사인 NHN게임스가 2000년대 초반 온라인 모험성장게임(MMORPG) '뮤'로 업계 1위까지 넘봤던 웹젠 인수함에 따라 올해 국내에서만 4번째 대형 인수합병이 이루어졌다. 피인수 업체 4곳 중 3곳이 지난해 국내 게임업계 매출 순위 10위 이내의 업체이다.여기에 자금력을 갖춘 미국과 중국의 대형 게임 업체들도 국내 유수 게임 업체들을 탐내면서 시장을 뒤흔들고 있다. 대형 인수합병의 포문은 댄스체험게임 '오디션'으로 유명한 티쓰리엔터테인먼트가 자신보다 두 배의 매출을 올리는 한빛소프트를 인수해 업계 5위권에 이름을 올렸다. 또한 1인칭 총싸움게임 '스페셜포스'로 급성장한 드래곤플라이가 마이크로소프트의 게임기 X박스용 '킹덤언더파이어' 시리즈로 화제를 모았던 판타그램을 인수했다. 그리고 업계 3강 중 하나인 넥슨이 온라인 액션 게임 '던전앤파이터'로 성공한 중견 개발사 네오플을 인수하며 몸집 불리기 대열에 동참했다. 게임 업계가 인수합병에 나선 이유는 살아남기 위해서다. 지난해 국내 온라인게임 시장 규모는 2조2400억여원. 매년 두 자릿수 성장률을 이어왔지만, 개별 기업들의 실적은 천차만별이다. 업계는 '스타크래프트'를 수입 · 유통했던 한빛소프트가 100억원 이상을 투자한 자체개발 대작 게임 두 편의 부진으로 경영이 악화되고, 웹젠이 '뮤' 이후 히트작을 내지 못하며 무너지는 모습을 보면서 인기 게임 한두 편에 의존하던 것을 탈피해 덩치를 키워야 할 필요성을 느꼈다. 또한 NHN · 엔씨소프트 · 넥슨 등 '빅3'가 전체 시장의 절반을 차지하는 쏠림현상이 가속화되면서 남은 파이를 차지하려는 업체간 합종연횡은 더욱 활발해질 전망이다. 합병 시도는 국내외를 가리지 않는다. 세계 2위 게임 업체였던 미국의 액티비전이 7월 '스타크래프트'로 유명한 프랑스의 비벤디게임즈와 합병작업을 완료하면서 매출 38억달러(4조4000억원)의 거대 공룡 액티비전 블리자드가 탄생했다. 일렉트로닉아츠(EA)는 폭력성향의 대작게임 'GTA' 시리즈를 보유한 테이크2를 인수하기 위해 20억달러를 꺼내 들고 6개월 동안 구애를 했다. 일본의 대표 게임 업체인 코에이와 테크모도 4일 합병을 결의했다. 게임 업계 대형 인수합병은 계속 이어질 전망이다. 국내 '빅3'인 엔씨소프트가 자금력을 앞세워 게임 업체 인수를 추진하고 있으며, 중견 게임 배급사인 엠게임도 올해 안에 코스닥에 상장해 자금을 확보한 뒤 다른 게임사에 대한 인수합병을 추진할 계획이다. 예당온라인 · 액토즈소프트 · 제이씨엔터테인먼트 등 매출이 수백억원 수준인 다른 중견 게임 업체들도 상위권에 진입하기 위한 방안으로 인수합병을 적극 고려하고 있다.

국내외 주요 게임업계 인수합병 현황

업체	규모(매출 합산)
넥슨-네오플	2558억원
티쓰리엔터테인먼트-한빛소프트	945억원
NHN게임스-웹젠	402억원
드래곤플라이-판타그램	280억원
액티비전-비벤디게임즈	38억달러(4조4000억원)
코에이-테크모(합병 결의)	411억엔(4241억원)

※각사 취합. 매출액은 2007년 기준

〈정진영, 조선일보, 2008.9.18〉

05 만화산업

1) 현황

우리나라 만화 시장 규모는 2006년 총 7,300억원 규모이며, 이 중 만화 출판 시장은 2,960억원(40.5%), 만화 유통 시장은 3,306억원[13](45.3%: 만화출판

13) 온라인 만화 유통 시장 473억원, 오프라인 만화 유통 시장(만화 전문 도・소매

업(843억원) 및 만화 도소매업(2,033억원)), 만화임대업 시장은 1,034억원(14.2%)이다. 만화산업의 가치사슬에 따른 매출액(소비 제외)을 살펴보면 기획 및 제작은 3,107억원(42.6%), 유통은 4,194억원(57.4%)이며, 오프라인 매출액이 온라인 매출액보다 높다. 만화 단행본 장르별 제작 비중을 살펴보면, 순정이 1,044종(25.5%)으로 가장 큰 비중을 차지하고 그 다음으로 성인 894종(21.8%), 드라마 699종(17.1%), 판타지 462종(11.3%), 액션 360종(8.8%)에

[표 4-23] 2006년 만화산업 시장 규모

(단위 : 백만원, %)

구 분	매출액(비율)	
	2005년	2006년
출판 제작 만화 시장	211,736(48.5)	296,033(40.5)
온라인만화 제작 · 유통업	31,903(7.3)	47,342(6.5)
만화전문도소매업	82,990(19.1)	283,290(38.8)
만화임대업 시장	109,606(25.1)	103,407(14.2)
총 시장 규모	436,235(100.0)	730,072(100.0)

자료 : [표 2-1]과 동일.

[그림 4-5] 국가별 제작비중

(단위 : %)

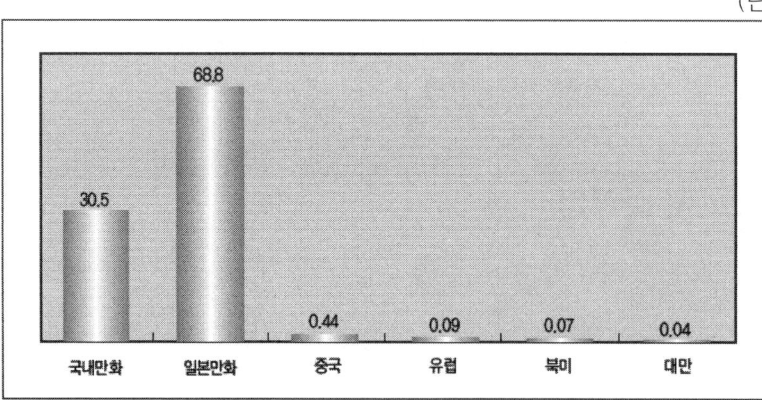

자료 : [표 2-1]과 동일.

업)2833억원.

달한다. 국내 만화단행본의 국가별 제작 현황을 살펴보면, 한국만화는 1,248종(30.5%), 번역만화는 2,847종(69.5%)으로 번역만화가 한국만화보다 많이 제작되고 있다. 특히 국내의 만화단행본 시장에서는 일본만화가 가장 큰 비중(3,131종, 68.8%)을 차지하고 있으며, 한국(30.5%), 홍콩(0.44%), 유럽(0.09%), 북미(0.07%), 대만(0.04%) 순이다.

2) 수출입 현황

만화산업을 영위하는 사업체의 수출액은 391만 7,000달러, 수입액은 396만 5,000달러이며, 수출지역은 유럽이 전체의 36.1%를, 다음으로 북미, 일본, 동남아, 중국이 차지하고 있다. 수출 방식은 방식이 전체의 51.4%가 국내 에이전트를 활용하고 있으며, 그 다음으로 전시회(21.5%), 해외 유통사(7.1%), 해외 에이전트(5.7%) 등을 활용하고 있다. 또한 만화산업 사업체들은 전체의 49.4%가 라이선스를 통하여 수출을 하며, 완제품(41.2%), 기술 및 서비스(9.4%) 등의 수출방식을 활용하고 있다.

[표 4-24] 만화산업 수출 현황

중국	일본	동남아	북미	유럽	기타	총계
388	770	439	847	1,414	59	3,917

[그림 4-6] 만화산업 수출 방식

(단위 : %)

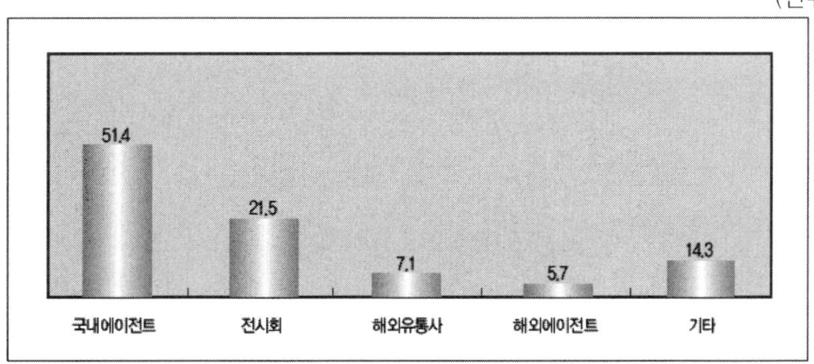

자료 : [표 2-1]과 동일.

3) 주요 정책

2007년 정부는 국산 만화 창작역량 제고, 국외진출 확대, 국내 시장 활성화 및 저변확대 등을 목표로 정부는 만화창작 기반 확충을 위한 우수 만화 발굴과 만화를 원작으로 활용한 문화콘텐츠 창작 활성화[14]를 위해 중·장편 서사만화 13편, 만화잡지·온라인 웹진 연재작 14편 등 27편의 기획창작만화를 발굴하였다. 또한 서울·경기 지역 20개 문화공간에서 140일간(1개소당 7일) 우수만화를 순회 전시하고 주말에는 만화교육 프로그램 운영 등을 통해 만화에 대한 긍정적인 인식 확산에 기여하였다. 국산만화의 해외 수출은 2006년의 392만 달러로 수출 지역은 대만, 태국 등 동남아 지역 중심에서 미국, 유럽 등으로 다변화되고 있다.

국내만화산업은 고가의 판매용 기획만화 단행본 시장과 온라인 만화 시장이 지속적인 성장 등으로 만화를 원작으로 한 문화콘텐츠 제작이 활발하게 이루어졌다. 그러나 국내 만화산업은 만화잡지 및 코믹스 단행본의 시장이 침체와 국산 만화의 해외 수출 자조, 만화저작권을 둘러싼 분쟁 등으로 시장이 위축되고 있다. 따라서 국내 만화산업의 발전과 경쟁력을 제고하기 위해서는 만화에 대한 일반인들의 부정적 인식의 변화와 만화소비계층의 중장년층으로의 확대 그리고 쩐의 전쟁, 식객 등과 같은 원작 만화의 발굴 확대 등을 지속적으로 추진해야 한다.

국내만화산업은 성장과 위축요인이 복합적으로 내재되어 있다. 성장 측면에서 보면 만화의 원작 가치에 대해 높게 평가되면서 만화를 원작으로 한 문화콘텐츠 제작이 활발하게 이루어졌다. 즉, 출판만화 판매 시장 활성화를 위해 업계와 정부의 새로운 정책적 시도가 등장하였고, 출판만화 시장의 어려움 속에서도 고가의 판매용 기획만화 단행본 시장은 성장하였으며, 신문연재가 만화의 중요한 흥행시스템으로 부각되었다. 또한, 온라인 만화 시장이 지속적으로

---

14) 2007년 원작만화 활용사례: 드라마→쩐의 전쟁, 키드갱, 위대한 갯츠비, 비천무, 궁, 식객, 연극·뮤지컬→바보, 기생이야기, 영심이, 달려라 하니, 위대한 갯츠비, 온라인·모바일게임→파천일검, 짱, 오디션, 궁, 리버스, 비천무, 삼국장군전, 위치헌터, 파검기, 쇼콜라, 강호패도기, 영화→두사람이다. 26년, 각시탈, 오디션, 아파트, 타짜, 식객, 바보, 아일랜드, 로맨스 파파, 더블 캐스팅.

성장하고 있으며 대형 포털사이트가 참여하는 비즈니스 모델 중심의 흥행구조가 심화되고 있다. 하지만 위축측면에서 보면 만화잡지 및 코믹스 단행본의 시장이 침체되고 국산 만화의 해외 수출이 다소 주춤거리고 있으며, 만화 저작권을 둘러싼 크고 작은 분쟁이 잇달아 발생하는 등의 모습을 보이고 있다. 따라서 국내 만화산업의 발전과 경쟁력을 제고하기 위해서는 만화에 대한 일반인들의 부정적 인식을 긍정적으로 전환하는 것이 필요하며 만화소비계층을 중장년층으로 확대하여 만화소비 시장 규모를 확대해야 한다. 또한, 쩐의 전쟁, 식객 등과 같은 원작 만화의 발굴을 확대하며, 우수 만화 작가와 신규 창작품은 지속적으로 발굴될 수 있는 환경을 조성하고, 만화 전문매체 확보를 통한 만화작가에 대한 창작 기회를 지속적으로 제공하는 것이 필요하다.

참고 1 – 실버코믹스를 아시나요?

일본인의 연간 독서량은 세계 최고이지만, 그중 상당 부분이 신문 연재만화, 만화잡지, 만화 단행본, 문고판 만화책 등 만화와 관련된 것이다.

만화왕국인 일본은 연간 발행되는 만화잡지만 300여 종(국내 만화잡지가 10여 종)으로 평균 1만여 편의 만화가 실시간으로 시중에 연재되고, 치열한 경쟁 속에서 베스트셀러가 탄생한다. 독자들에게 평가받은 베스트셀러는 TV시리즈 애니메이션 및 게임 원작으로 계약이 진행되고, 최근에는 '적벽대전', '데쓰노트', '20세기 소년' 등의 만화가 실사영화로까지 제작되고 있다. 이처럼 풍요로운 만화 원작시장의 활성화는 일본을 만화왕국을 넘어 게임왕국과 애니메이션왕국, 그리고 영화왕국으로 진화시키고 있다.

2001년 스티븐 스필버그가 제작한 SF영화 'AI'는 데스카 오사무의 '철완아톰 : 우주소년 아톰'을 기초로 만들어졌다. 2008년 개봉한 워쇼스키 형제의 '스피드레이서'도 1960년대 일본 애니메이션 '마하 고고고 : 달려라 번개호'에서 원작을 가져왔다. 할리우드 최고 흥행작인 '트랜스포머' 또한 미 · 일 합작 제작 애니메이션이 원작이며, 2009년 개봉 예정인 '드래곤 볼'은 1980년대 말을 풍미했던 일본 최고의 인기 만화가 원작이다.

사실 할리우드에서는 이미 DC코믹스가 저작권을 갖고 있는 '수퍼맨' '배트맨'과 마블코믹스가 저작권을 소유한 '스파이더맨' '엑스맨' '헐크' '아이언맨' 등 수많은 수퍼히어로 만화 원작 영화들이 세계적인 성공을 거둔 바 있다. 바야흐로 만화 원작이 콘텐츠시장의 핵심으로 전면에 등장한 것이다.

이런 등장 배경에는 어릴 때부터 만화를 접해온 만화세대(Comic Generation)의 성장이 있었기에 가능하였다. 만화에 중독됐던 세대의 상상력과 호기심, 그리고 추억들이 새로운 아이디어의 보고로 각광받는 것이다. 최근 30대와 40대까지 만화 마니아의 확대 특히 60~70대도 만화를 즐겨 보는 일본처럼 독자층의 광역화가 결국 만화 원작의 충실도를 높이고, 이를 통해 다른 산업 발전까지 이끌어내는 사회적 인프라로 연결되는 것에 주목할 필요가 있다.

일본의 만화세대 광역화는 30, 40대 중장년층이 좋아할 소재와 스타일의 만화가 다양하게 출간되는 것에서 출발한다. 중장년층도 만화를 적극 구매하도록 만드는 작품, 이를 두고 '실버코믹스(Silver Comics)'라고 한다. 일본의 실버코믹스는 중장년층 샐러리맨들의 출퇴근시간 기호상품이다. 자신의 상황을 대변하는 소재와 이야기, 바쁜 생활에서도 능력계발을 게을리 할 수 없는 이들을 도와주는 전문정보, 무미건조한 일상을 달래주는 스토리텔링에 중장년층이 빠져드는 것이다.

국내 와인 붐과 와인바 유행이 본격화하면서 와인에 대한 학습의욕이 관련 작품의 구매로 연결된 것이다. 특히 이 작품은 실존하는 와인의 유래와 생산 공정, 배경, 맛의 평가방식 등을 상세하게 설명하고, 이야기 서술방식 또한 배틀 방식, 즉 끊임없는 경쟁과 도전을 통해 긴박감을 더한다. 와인 전문지식을 역동적인 배틀과 함께 즐길 수 있는 진지함에 중장년층은 기존 소설과 영화에서 느낄 수 없었던 재미를 발견했다.

실버코믹스는 실제적인 이야기와 전문성을 기반으로 한다. 물론 만화이기 때문에 지니는 허구성과 등장인물의 과장 및 왜곡은 있다. 하지만 소재로 등장하는 다양한 상황과 설명은 해당 분야의 전문가도 교재로 인정할 정도로 완성도가 높다. 그래서 읽고 기억할 만하다. '신의 물방울'을 수입해 판매한 출판사는 이 작품을 계기로 더욱 다양한 일본 실버코믹스를 수입하고 있다.

실버코믹스의 장르는 무척 다양하다. 멜로물(히로카네 겐시의 '황혼유성군'.), 기업비즈니스물(히로카네 겐시 '시마과장'), 드라마 에세이물(김동화 '빨간자전거', 다니구치 지로의 '느티나무의 선물' '열네 살' 등)전쟁 스펙터클물(가와쿠지 가이지의 '침묵의 함대'), 전문직업물(신의 물방울'과 '갤러리페이크'), 역사추리물(우라사와 나오키의 '몬스터' '20세기 소년' '마스터키튼'), 공상SF물('설국열차) 등이 있는데 이는 더욱 세분된 장르로 핵분열을 하고 있는 중이다.

실버코믹스는 킬링타임을 넘어서 자기계발과 투자로서 볼 만한 가치가 있는 만화다. 정보와 깊이 있는 성찰, 어른으로서 삶의 방향까지 실버코믹스가 보여주는 세계는 남은 시간을 위한 준비이기도 하다. 아저씨가 만화를 고르게 될 때 국내에도 실버코믹스는 한층 더 풍요로워질 것이다. 그리고 실버코믹스를 중심으로 한국 만화가 풍요로워질 때 한국 만화 원작도 영화로, 드라마로, 게임으로 다양하게 변신해 우리 곁에 찾아올 것이다. 그렇게 우리는 선진 문화강국이 되어가는 것이다.

〈한창완, 신동아, 2009. 2. 25〉

06 에듀테인먼트 산업

1) 현황

영역교육(Education)과 오락(Entertainment)의 합성 장르인 에듀테인먼트산업은 1990년대 초 이래 CD-Rom 중심의 오프라인 콘텐츠를 기반으로 출발하여 초고속 정보통신망의 보급 및 디지털매체의 발전으로 인해 교육, 문화의 핵심 이슈로 등장하였다. 특히 에듀테인먼트 산업은 애니메이션, 캐릭터, 만화, 게임 등 문화콘텐츠 영역뿐 아니라 인지과학, 교육공학 등 다양한 범위의 영역이 융합되어 발전가능성 측면에서 가장 주목받고 있다. 뿐만 아니라 에듀테인먼트콘텐츠[15]가 교육용 문화콘텐츠를 추구한다는 점에서 게임의 역기능(사행성, 중독성)에 대한 소비자의 인식을 전환시킬 대안으로 부각되고 있으며, IPTV, DMB, WiBro 등 뉴미디어 인프라 확대, 디지털 교육 수요의 증가하고 있어 에듀테인먼트는 문화콘텐츠산업의 새로운 사업 분야로 부상하고 있다.

에듀테인먼트산업의 매출액은 2006년 약 1,180억원으로 이를 업종별로 살펴보면 제작업 80.7%, 도소매, 온라인유통업이 19.3%에 달한다. 또한 매출액을 내용별로 구분해 보면 창작 및 제작이 약 888억원[16](75.3%)이며, 유통·배급이 209억원(17.7%), 제작 지원이 36억원(3.05%)에 달한다.

[표 4-25] 에듀테인먼트 산업의 매출액 현황

연도	창작 및 제작	제작 지원	단순복제	유통배급	기타	총계
2005	88,000	5,465	458	14,840	3,929	112,692
2006	88,795	3,594	24	20,911	4,665	117,989

자료 : [표 2-1]과 동일.

15) 사용자가 놀이(entertainment)를 즐기는 과정에서 스스로 교육(education)의 효과를 얻을 수 있도록 고안된 콘텐츠로 아날로그 방식의 출판물, 비디오 테입 등의 교구재까지 모두 포함됨. 또는 놀이 형식의 다양화와 동기 유발 구조의 강화를 통해 교육적 성취도를 높일 수 있도록 멀티미디어적 문화요소와 정보통신 기술 요소를 결합하여 만든 디지털콘텐츠임.

16) 온라인이 600억원, 오프라인이 287억원.

에듀테인먼트산업의 업종별 종사자는 2006년 총 종사자 1,480명으로 이 중 에듀테인먼트제작업 1,242명(83.9%), 에듀테인먼트 도소매업은 40명(2.7%), 온라인 에듀테인먼트 유통업은 198명(13.4%)으로 나타났다.

에듀테인먼트산업의 수출입 규모는 2006년 총 수출액은 501만6,000달러, 수입액은 31만6,000달러이며, 국가별 수출 대상국은 일본이 280만7,000달러로 전체 수출액의 53.8%로 가장 큰 비중을 차지하고 있으며, 북미지역이 76만3,000달러로 15.2%를, 중국이 19만2,000달러로 3.8%를 점하고 있다. 수입지역은 북미가 21만8,000달러(69%), 기타지역이 9만8,000달러(31%)로 대부분의 수입 에듀테인먼트 콘텐츠는 북미 지역에서 이루어지고 있음을 알 수 있다. 한편 해외수출 방식은 해외에이전트, 해외유통사, 국내에이전트, 전시회, 해외법인활용, 온라인 해외 판매 등을 활용하고 있다.

[그림 4-7] 에듀테인먼트산업 수출 및 수입 현황(2003년~2006년)

(단위 : 천 달러)

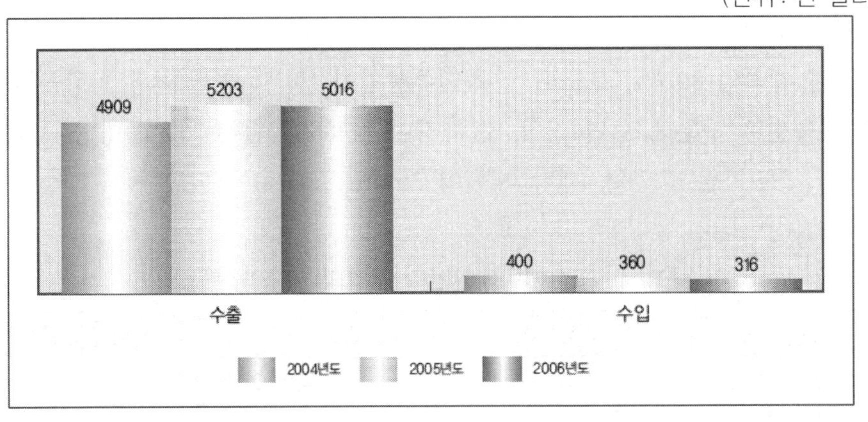

[표 4-26] 에듀테인먼트 국가별 수출 현황

(단위 : 천 달러)

연도	북미	유럽	일본	중국	동남아	기타	합계
2005	665	244	2,807	192	209	1,087	5,203
2006	763	231	2,706	192	156	968	5,016

2) 주요 과제 및 전망

문화와 교육 그리고 IT기술이 집약된 에듀테인먼트산업은 문화산업의 저력을 보여줄 수 있는 대표적인 성장산업으로 콘텐츠, 솔루션, 서비스 분야로 발전하며 시장을 확대해 나가고 있다. 따라서 에듀테인먼트산업은 다양한 범위의 영역이 융합되는 컨버전스의 전형으로, 문화콘텐츠산업의 차세대 성장동력사업으로 발전할 것으로 전망된다. 그러나 에듀테인민트콘텐츠는 개발업체의 교육공학적 전문지식과 이해 부족, 고급인력 확보 및 연구 개발투자의 어려움, 영어 등 일부 콘텐츠로 장르의 편중 등 문제점을 안고 있다. 이를 해결하기 위해서는 산학연계 네트워크를 구축하여 에듀테인먼트의 R&D강화, 문화원형 등 다양한 소재 도입을 통한 콘텐츠 경쟁력 강화 등에 듀테인먼트 현안 공동 대응을 위한 노력이 필요하며, 뉴미디어와의 융합을 통한 다양한 활용방안도 모색되어야 할 것이다. 또한 해외 시장 정보 부족, 바이어－셀러간 채널 부재 등으로 인해 비활성화되고 있는 해외 시장진출을 위해서는 에듀테인먼트의 종주국인 미국과 중국을 중심으로 활성화 정책을 수립하는 것이 효율적일 것으로 전망된다.

참고 1－욘사마가 일본인들 한글 가르쳐요

2009년 1월부터 일본인들이 휴대용 게임기 속에서 한류스타 배용준씨로부터 한글을 배우게 된다. 부산의 게임개발업체인 모바일로(대표 백승현)는 배용준씨 소속사인 키이스트와 계약을 체결하고 '언제나 내곁에 욘사마'란 모바일 한국어교육용 게임 콘텐츠를 개발해 내년 1월부터 일본에서 판매한다고 12일 밝혔다. 이 게임은 휴대용 멀티미디어 기기에 팩을 탑재해 즐기는 것으로 배용준씨가 등장해 재미있게 한글을 배울 수 있도록 이끌어 준다. 크게 한국어 교육 프로그램과 배씨의 일본팬들을 위한 오락 기능 등 두 가지로 구성돼 있다. 국립부경대 국어국문학과 채영희 교수팀과 공동으로 개발한 한국어교육 프로그램의 경우 자음과 모음의 정확한 발음법부터 단어, 문장, 회화에 이르기까지 체계적으로 한글을 익힐 수 있게 만들어졌고 배씨가 중간중간에 등장해 칭찬과 격려를 해주는 식으로 진행된다. 모바일로는 내년 1월 초에 우선 배용준씨의 공식 사이트를 통해 예약을 받고 1월 말부터 현지 유통업체를 통해 오프라인 판매를 할 계획이다. 판매가격은 타이틀 개당 5000엔 정도로 예상하고 있다.

〈김태현, 한국경제신문, 2008.11.13〉

07 캐릭터산업

1) 개념

오늘날의 문화는 읽는 문화에서 보는 문화로 이행되면서 문화, 환경, 정보, 감정 등을 반영하는 다양한 커뮤니케이션 수단으로서 시각 이미지들이 등장하고 있다. 그 중 가장 효과적인 시각 이미지가 바로 캐릭터이다. 캐릭터란 다양한 메시지, 정보, 상징 그리고 감성을 전달하는 시각언어로 사람이나 사물의 성격 또는 특징, 그래픽적인 마크, 알파벳의 기초 문자, 소설·연극 등의 극중 인물, 평판이나 명성, 신분, 자격 등의 의미를 내포한다. 또한 캐릭터는 기업이나 브랜드의 아이덴티티(Identity)를 표현한 요소이다. 이처럼 캐릭터는 어떤 대상물의 속성에 강한 개성을 부여하여 새로운 개체로 표현된 것이다.[17)]

캐릭터가 사람들에게 오랫동안 사랑 받고 기억되기 위해서는 단순한 그림의 차원을 넘어서 사람의 마음을 매료시켜 즐거움, 애교, 귀여움, 온화함, 선함, 엉뚱함 등으로 이미지를 발산하여 사람들로 하여금 친근감을 불러일으키고 호감을 갖게 해야 한다. 또한 캐릭터는 흥미를 끌 수 있는 재미있는 스토리가 있어야 한다. 다양한 캐릭터들 속에서 계속적인 관심과 흥미를 유발하는 스토리가 전개되지 않는다면 그 캐릭터는 쉽게 생명력을 잃게 될 것이다. 국내의 마시마로는 시대에 흐름에 부합하는 엽기적이고 재미있는 스토리로 성공하였으며, 일본의 포켓몬스터는 철저한 기획력과 더불어 탄탄한 시나리오로 일본은 물론 미국에서도 대성공을 하였다.

이러한 캐릭터는 무수한 콘텐츠, 다양한 상품형태와 다채널 유통이 가능하고, 다원화·개성화·세계화된 소비패턴에 부응하는 문화산업으로 문화산업 영역들과 긴밀한 연관관계를 가지고 있으며, 새로운 소비시장 창출과 생산비에 대한 산출물의 고부가가치성으로 인해 산업연관 및 확장이 가능하다.

2) 현황

캐릭터산업의 시장 규모는 2006년 4조4,109억원으로 이를 상품군별로 살펴

17) 최영진, 캐릭터의 기호적 분석과 그 표현에 관한 연구, 국민대 석사학위논문, 1996, p.4.

보면, 가장 큰 시장인 인형/완구류는 전체시장의 12.6%인 5,567억원이며, 식품/음료류, 문구/팬시류가 각각 5,089억원, 5,039억원으로 전체시장의 11.5%, 11.4%의 점유율을 차지하고 있다. 캐릭터산업 총 종사자 수는 2006년 19,889명으로 캐릭터 개발 및 라이선스 업체는 2,595명이며, 캐릭터상품 제조업체는 7,740명에 달한다.

[표 4-27] 캐릭터산업 및 소비 시장 규모

(단위 : 억원)

구분	2002년	2003년	2004년	2005년	2006년	증감합계
캐릭터 개발 및 라이선스 시장 규모	2,050	2,214	2,588	2,770	3,068	↑298
캐릭터상품 제조 규모	25,950	20,472	18,930	17,988	20,433	↓2,445
캐릭터 소비 시장 규모	52,771	48,085	42,193	42,880	44,109	↑1,229

자료 : [표 2-1]과 동일.

캐릭터상품 중 소비자들이 가장 선호하는 캐릭터는 <미키마우스>가 <키티>가 13.9%로 <짱구> 11.6%, <둘리> 9.9%, <푸우> 9.0%, <마시마로> 3.1%, <뽀로로> 2.4%, <딸기> 2.2% 등의 순으로 나타났다. 가장 사랑받는 캐릭터는 '둘리'로 나타났다. 한국문화콘텐츠진흥원이 18일 발표한 '2006년 캐릭터 소비자 조사결과'에 따르면 "캐릭터하면 떠오르는 것은 무엇인가"라는 질문에 응답자의 30.9%가 둘리를 꼽은 것으로 나타났다. 같은 질문에 미국 캐릭터 '미키・미니마우스'는 19.7%로 2위를 차지했으며, 키티(16.7%), 짱구(15.0%), 마시마로(12.7%)가 뒤를 이었다. 둘리는 캐릭터별 선호도에서도 9.7%를 차지해 인지도와 선호도에서 모두 수위를 차지했다. 짱구(6.5%), 미키・미니마우스(6.3%), 키티(6.2%), 푸우(4.2%), 마시마로(3.7%) 등의 캐릭터도 비교적 높은 선호도를 보였다. 이번 조사에서 인지도 상위 10위 안에 든 캐릭터 중 국산 캐릭터는 '둘리', '마시마로', '호돌이', '뿌까' 등 4종이었으며 일본 캐릭터와 미국 캐릭터는 각각 4종과 2종이 포함됐다.[18)]

18) 김승욱, 연합뉴스, 2006.10.18.

[표 4-28] 국내 베스트 10 케릭터

2004년				2005년				2006년			
순위	캐릭터	선호도	국적	순위	캐릭터	선호도	국적	순위	캐릭터	선호도	국적
1	둘리	12.4	한국	1	키티	15.0	일본	1	미키마우스	19.5	미국
2	키티	11.9	일본	2	짱구	12.4	일본	2	키티	13.9	일본
3	마시마로	10.9	한국	3	둘리	12.4	한국	3	짱구	11.6	일본
4	푸우	9.1	미국	4	미키마우스	10.1	미국	4	둘리	9.9	한국
5	짱구	8.4	일본	5	마시마로	9.3	한국	5	푸우	9.0	미국
6	피카츄	7.1	일본	6	푸우	7.8	미국	6	마시마로	3.1	한국
7	미키마우스	7.0	미국	7	포켓몬스터	4.1	일본	7	뽀로로	2.4	한국
8	딸기	2.8	한국	8	딸기	3.0	한국	8	딸기	2.2	한국
9	스누피	2.3	미국	9	케로로	2.0	일본	9	피카츄	1.9	일본
10	뿌까	2.0	한국	10	톰과 제리	1.8	미국	10	케로로	1.9	일본

자료 : [표 2-1]과 동일.

[표 4-29] 상품군별 캐릭터 시장 규모

캐릭터 상품군	시장규모		
	2004년	2005년	2006년
인형/완구	6,296	4,800	5,567
문구/팬시	4,393	5,061	5,036
의류	3,776	4,349	4,197
스포츠용품	2,797	1,371	1,515
장신구	720	925	949
가정/생활잡화	1,509	1,375	1,334
자동차 관련용품	481	660	735
식품/음료	4,469	3,536	5,089
영상물/비디오	3,313	2,671	2,203
게임/오락	2,070	3,677	2,529
유아용품	1,706	4,344	4,094
출판물	1,456	2,164	2,129
건강/미용	93	102	122
신발류	2,606	2,327	2,628
가방류	2,322	1,853	1,867
가전제품	530	1,229	422
음악 CD/카세트	1,900	622	483
컴퓨터/전산용품	243	82	107

캐릭터 상품군	시장규모		
	2004년	2005년	2006년
인터넷콘텐츠	1,327	1,475	2,736
모바일콘텐츠	184	256	364
계	42,193	42,880	44,109

자료 : [표 2-1]과 동일.

3) 수출입 규모

캐릭터산업의 총 수출액은 2006년 1억8,945만 달러로 국가별로는 북미로의 수출이 6,199만 달러로 전체 수출액의 32.7%를 차지하고 있으며 중국은 4,397만 달러(23.2%), 동남아가 1,188만 달러(6.3%), 일본이 654만 달러(3.5%)에 달한다. 반면에 캐릭터산업의 총 수입액은 2억1,191만 달러로 국가별로 보면 중국이 8,418만 달러로 총 수입액의 39.7%를 차지하였으며, 동남아 3,715만 달러(17.5%), 북미 3,119만 달러(14.7%), 일본 1,970만 달러(9.3%) 등이다.

[표 4-30] 캐릭터산업 수출 현황

(단위 : 천 달러)

국가 \ 연도	2003	2004	2005	2006	구성비(%)
중 국	116,313	117,336	60,094	43,968	23.2
일 본			13,837	6,536	3.5
동남아			8,918	11,883	6.3
북 미			18,656	61,994	32.7
유 럽			41,178	27,331	14.4
기 타			20,983	37,739	19.9
분류못함			–	–	–
전 체	116,313	117,336	163,666	189,451	100.0

자료 : [표 2-1]과 동일.

4) 주요 과제 및 전망

캐릭터 개발 및 라이선스 시장은 할인매장을 기반으로 한 유통망으로 품질이 낮은 상품들이 소비자들에게 판매되고 있으며, 상품 역시 출판과 문구, 팬시류에 치중되어 소비자들에게 확실한 캐릭터 제품 이미지를 각인시키지는 못하였다. 반면에 캐릭터상품 제조시장은 국내 창작 애니메이션과 온라인게임의 인지도 증가에 힘입어 캐릭터상품에 대한 국내 소비자들의 인식도 점차 높아지고 있다. 그리고 캐릭터상품 유통과 분야는 업체의 영세성과 불법복제, 대형 할인점 중심의 유통으로 인해 성장에 한계를 보이고 있다. 불법복제의 경우 중국, 동남아 등 제3국에서 다량으로 제작, 일시에 시장에 유통됨으로써 캐릭터의 생명력이 단축되고 정품과 비품이 구분 없이 판매되는 등 업체 및 소비자의 지적재산권에 대한 인식도 부족하다. 또한 국산보다는 외산 캐릭터의 인지도와 선호도가 높아 국산 캐릭터 상품화와 소비여건이 취약하다. 따라서 국내 캐릭터산업의 성장동력을 확충하기 위해서는 캐릭터상품의 창작 역량 강화 및 유통망 확충, 국산캐릭터상품에 대한 소비자의 인지도 · 선호도 제고, 해외 전시마켓의 적극적인 참가 등 캐릭터 상품의 다양화와 라이선싱 활성화를 확대해야 할 것이다.

국내 캐릭터 산업은 그간의 지속적인 성장에도 불구하고, 업체의 영세성, 낙후된 유통구조, 스타 캐릭터 부재 등의 문제점을 안고 있다. 이러한 문제를 해결하고 캐릭터 산업구조의 선진화와 경쟁력 강화를 위해 보다 체계적이고 차별화된 발전전략이 필요하다. 캐릭터산업의 지형 변화에 대응하고 시장수요를 적극 반영하여, 글로벌 스타캐릭터 발굴을 위한 창작 역량 강화, 연관 산업간 네트워크 구축 및 연계 활성화, 캐릭터 홍보 채널 다양화 및 프로모션 강화를 핵심 전략으로 정책을 추진해야 한다.

참고 1 – 헬로키티 소송 국내 방송사 패소

'겨울연가' '대장금' 등의 캐릭터를 무단으로 사용했다며 국내 방송사들이 일본의 대표적인 캐릭터 '헬로키티'의 사업권자를 상대로 제기한 손해배상 소송에서 '헬로키티'가 완승했다.

재판부는 KBS MBC 등이 "'겨울연가' '주몽' '대장금' '황진이' 등의 캐릭터를 무단으로 사용해 제품을 만들었다"며 '헬로키티'의 국내 사업권자인 산리오코리아 등을 상대로 제기한 15억원의 손해배상소송에서 원고패소 판결을 내렸다.

재판부는 "인물에 대한 저작권이 인정되려면 기존 그 인물에 관한 다른 저작물과 구별되는 개성이 있어야 한다"며 "드라마 '겨울연가'의 남녀 주인공 캐릭터는 실제

주연배우를 빼고 그들이 극 중에서 주로 입었던 의상인 긴 코트와 목도리만으로는 일반적인 연인의 모습과 구별되는 특징이 없어 독자적인 저작물이 아니다"고 판시했다. 재판부는 또 "'대장금' '황진이' 등도 주연 배우를 빼고 주인공이 입었던 의상 등만으로는 독자적인 저작물이라고 볼 수 없다"며 "'헬로키티' 캐릭터가 황진이의 한복을 입고 있는 등의 모습을 하고 있는 것은 사실이지만 고양이 인형의 느낌과 실제 배우들의 느낌이 전혀 달라 실질적 유사성도 인정되지 않는다"고 덧붙였다.

'헬로키티'는 일본 캐릭터업체인 산리오가 1974년 개발한 세계적으로 유명한 고양이 모양의 캐릭터다. KBS 등은 산리오코리아가 2004년부터 인터넷 매장에서 '헬로키티'에 '주몽' '겨울연가' 등에 등장하는 옷을 입힌 인형 등 20여가지 상품을 판매했다며 15억원의 손해배상 소송을 제기했었다.

〈박민제, 한국경제신문, 2008.12.5〉

참고 2 – 뽀빠이

올리브에 대한 각별한 사랑을 보이며 "살려줘요, 뽀빠이~"하고 외치면 득달같이 달려오는 뽀빠이(Popeye). 주걱턱에 머리카락도 몇 안되는 보잘 것 없는 뱃사람이지만, 시금치 통조림에 의지하고서 험한 세상을 열심히 항해하는 뽀빠이. 그가 지난달에는 딱 벌어진 잔칫상을 받았다. 77세 희수(喜壽)를 맞은 것이다. 뽀빠이가 처음 선을 보인 것은 지난 1929년 1월이었다.

미국의 한 신문 코믹만화 '골무극장'에 시시한 조연으로 얼굴을 내밀었다가 불과 2년 만에 주인공으로 올라섰다. 우람한 팔근육에 '정의의 사도'와도 같은 뽀빠이에 독자들이 반해버린 것이다. 올리브 역시 뽀빠이의 애인으로 돌아섰다. 그들은 처음 만난 지 70년 만인 1999년 결혼식을 올렸다. 70년 이상의 로맨스를 하면서도 아직 화촉을 밝히지 못하고 있는 금발아가씨 블론디와 그녀의 남자친구 대그우드가 부러워할 일이었다. 뽀빠이 하면 우선 생각나는 게 시금치다. 그가 시금치를 먹고서 괴력을 발휘하는 까닭에 아이들도 즐겨 시금치를 먹었다.

그러나 이것은 만화나 영화 속에서 잘못된 설정이었다. E 폰 울프라는 독일 과학자가 1870년 시금치 성분을 분석하면서 철분의 소수점을 잘못 찍어 10배로 부풀려진 것이었다. '철분의 왕'으로 자리매김된 시금치가 정정되는데는 무려 67년이란 세월이 걸렸다고 한다. 아이들이 그토록 좋아하는 뽀빠이 캐릭터를 만든 마이런 월드만(97)이 며칠 전 숨졌다. 그는 1930년 맥스 플라이셔 스튜디오에 입사, 뽀빠이 외에도 '베티 붑' 등 우리에게 잘 알려진 애니메이션 캐릭터를 만들었다. 작가는 스토리를 이어

가지만 만화가는 캐릭터를 다듬는다.

미키 마우스, 아톰, 도널드 덕, 피너츠, 슈퍼맨 등이 대중적으로 크게 히트한 것은 캐릭터의 공이 절대적이다. 만화가 월드만은 갔지만 그가 만든 '뽀빠이'는 앞으로 영원히 살아 세계 곳곳의 아이들에게 희망과 용기를 선사할 것이다.〈박영배, 한국경제신문, 2006.2.8〉

참고 3 – 미키마우스

'미키마우스'가 18일 75번째 생일을 맞았다. 미키마우스는 엔터테인먼트제국 월트디즈니사의 상징이자 미국 캐릭터산업의 표상이다. 미키마우스는 1928년 만화영화 '증기선 윌리'에서 세계 최초의 '말하는 생쥐'로 태어난 뒤 줄곧 돈을 벌어들였다. 29년 한 제조업자가 미키를 상품에 사용하는 대가로 3백달러를 지불한 뒤 미키의 캐릭터는 곧 돈이 됐다.

미키는 장난감 문구 옷 가방 등 어린이제품 시장 전반을 사로잡았고 이런 열풍은 전세계로 퍼져 나갔다. 포브스의 '2003년 10대 수익 캐릭터'에 따르면 미키 마우스와 친구들(미니 마우스, 도널드 덕, 구피, 플루토 등)이 한해 동안 벌어들인 돈만 58억달러다. 까만 눈과 동그란 귀의 생쥐 일행이 미국은 물론 세계 각국의 장난감과 문구 과자 의류 장신구 출판 레저 등 온갖 산업을 휘젓고 다니면서 디즈니사에 돈더미를 안기는 것이다. 우리나라에도 일본산 고양이 '키티' 다음으로 많은 상표권이 등록돼 있다. 미키 마우스의 이런 힘은 그러나 저절로 생겨난 게 아니다. 어린 시절 미키는 제멋대로인데다 심술맞았다. 얼굴 또한 어른처럼 코가 가늘고 귀는 앞쪽으로 쏠려 있었다. 하지만 미키의 인기는 저절로 유지된 게 아니다. 초기의 미키는 오리를 꽉 끌어안아 울리고, 염소 꼬리를 빙빙 돌리고, 돼지의 젖꼭지를 꼬집고, 암소의 이를 두들기는 악동이었다. 그러던 게 미국민의 상징적 존재가 되면서 온순하고 착실해지고, 외모도 초라한 생쥐에서 큰 머리와 짧은 팔다리를 특징으로 한 귀여운 형태로 변했다. '판다의 엄지'를 쓴 과학 칼럼니스트 스티븐 제이굴드의 분석에 따르면 50년동안 눈은 머리의 27%에서 47%, 머리는 신장의 42.7%에서 48.1%로 커졌다. 턱은 들어가고, 이마는 동그랗게 됐다. 어떤 모습이 대중에게 좀 더 친숙하고 정겹게 느껴지는지에 대한 지속적인 조사 결과 유아적 특성을 강조하는 쪽으로 조금씩 변신시켜 나간 것이다. 디즈니사에선 또 2001년 입을 작게 만든 일본형 미키 마우스를 내놨다. 아시아 시장을 위해 '트랜스크리에이션'(transcreation)이라는 이름으로 성형수술을 단행한 셈이다,

미키가 장수한 데는 이처럼 수요자의 반응과 요구를 조사, 미국은 물론 전세계 사람들의 마음에 드는 캐릭터를 만들기 위한 노력과 그에 따른 쉼 없는 재창조가 있었다는 얘기다. 캐릭터산업은 현재 세계시장 규모만 1백20조원인데다 매년 10%이상 성장할 것으로 추정되는 21세기 핵심산업이다. 국내 시장도 지난해 5조2천7백70억원으로 전년보다 28%이상 늘었다. 국내엔 83년 '보물섬'에 연재되기 시작, 올해 성년이 된 둘리와 바른손에서 개발한 떠버기 개골구리, 플래시애니메이션을 통해 나온 마시마로 뿌까 등이 있지만 아직까지 시장의 65%를 미국과 일본 캐릭터에 내주고 있는 상태다.

캐릭터산업이 발전하자면 새로운 캐릭터의 개발도 중요하지만 미키 마우스의 예에

서 보듯 기존 캐릭터의 꾸준한 관리가 필수적이다. 개발자와 에이전시 상품화업체가 힘을 모아 어떤 게 보다 많은 사람에게 호소력을 가질지 파악, 계속 새 생명을 부여하고 효과적으로 활용할 때 미키마우스나 아톰과 경쟁할 캐릭터가 만들어질 수 있다.

〈박성희, 한국경제신문, 2003.11.18〉

참고 4 – 가요 속 '처녀 뱃사공'은 함안 사람? 의령 사람?

국민 애창곡 '처녀 뱃사공' 원조논란을 빚고 있다. '낙동강 강바람이 치마폭에 스치면/군인간 오라버니 소식이 오네~' 1959년 작곡된 가요 '처녀 뱃사공'의 가사 앞부분이다. 경남 함안군은 이 노랫말의 유래를 발굴해 2000년 10월 2일 처녀뱃사공 노래비를 건립했다. '처녀 뱃사공의 발상지=함안'이라고 홍보도 대대적으로 했다. 하지만 최근 향토연구가 정옥진(71)씨가 "함안군의 주장은 날조된 것"이라며 의혹을 제기했고 "내가 진짜 처녀뱃사공"이라고 주장하는 의령 출신 70대 할머니까지 나타났다.

'처녀 뱃사공'은 6 · 25전쟁 이후 어려운 시대상황을 대변한 노래다. 1959년 한복남 작곡으로 가수 황정자가 불러 인기를 끌었다. 1970년대에는 당시 남성 인기 듀엣 '금과 은'이 리바이벌해 전국적으로 인기를 끌었다. 함안군은 "당시 밀레니엄 지자체 사업의 일환으로 관광지 개발에 골몰하다 악양 나루터에서 식당을 운영하던 고 박기종씨로부터 노래에 얽힌 사연을 듣고 복원작업에 들어갔다"고 말했다.

노래비 앞면에는 노래 가사가 적혀 있고 뒷면에 노래에 얽힌 유래가 소개돼 있다. "1953년 9월 유랑극단 단장인 고 윤부길(가수 윤항기, 윤복희의 부친)씨가 유랑극단과 함께 함안군 가야장터에서 공연을 마치고 대산 장터로 가기 위해 남강을 건너다 악양 나루에 머무르게 되었다. 당시 이곳 나루터에는 군에 간 뒤 소식이 끊긴 박기준(6 · 25때 전사)씨를 대신해 여동생 등 두 처녀가 교대로 노를 저어 길손을 건네주며 오빠를 기다리고 있었다. 그 애절한 사연을 들은 윤부길씨가 노랫말을 지었다."

관광자원이 거의 없는 함안군은 이후 이곳을 군의 대표적 관광지로 소개하면서 지난해 4월부터 '처녀 뱃사공 전국가요제'까지 열고 있다. 법수면 악양지구 9.7㎞ 구간에 나루터와 나룻배를 재현하는 등 처녀뱃사공 문화체험시설과 야생화 공원도 조성할 계획이다.

이에 대해 의혹을 처음 제기한 사람은 의령출신 향토연구가 정옥진씨다. 정씨는 "이 노랫말의 배경은 함안군이 아닌 의령군 정곡면 적곡리다. 실제 노래의 주인공이 내 초등학교 동창이라 정확히 알고 있다"며 함안군과 의령군 양쪽에 바로잡아달라는 민원을 제기했다. "내가 진짜 노래 속 처녀뱃사공"이라고 주장하는 할머니도 나타났다. 경남 의령군 정곡면 적곡리가 고향인 이필남(71)씨는 "1953년 겨울 아버지가 돌아가시자 졸지에 홀어머니를 모신 가장 겸 처녀뱃사공이 됐다"며 "딸 넷 중 셋째지만 큰언니는 이미 시집갔고 둘째 언니는 살림하러 남의 집에 들어갔다. 내가 어머니를 모시고 어린 동생을 공부시켜야 했다"고 했다.

이씨는 "당시 윤부길씨 일행이 강을 건널 때 '왜 어린 처녀가 뱃사공을 하느냐' 묻길래 부끄러워서 '오빠는 군에 갔고, 군에서 제대하면 어머니가 시집 보내줄 거라고 했어요'라고 대답했다"고 했다. 그는 "노래 가사 중 '오라비 제대하면 시집 보내마/

어머님 그 말씀에 수줍어질 때'는 이 대화에서 나온 것"이라고 덧붙였다.

함안군과 의령군 모두 "우리가 원조 처녀뱃사공 발상지"라고 주장하고 있는 셈이다. 의령군 관계자는 "함안이나 의령이나 제대로 된 관광자원 하나 없는 작은 동네라 함안 쪽에서 애초부터 '처녀뱃사공 발상지'를 무리하게 내걸고 졸속 추진한 것"이라며 "비문은 역사로 남는 것이니만큼 잘못됐다면 반드시 바로잡아야 한다"고 말했다.

〈허윤희, 조선일보, 2008.9.13〉

08 정기간행물

1) 현황

2007년 연말 기준으로 문화관광부 및 각 시·도에 등록된 정기간행물 수는 총 9,461종으로 간행별로는 일간신문[19]이 281종, 기타일간 360종, 주간지 2,887종, 월간지 3,257종, 격월간 453종, 계간 974종, 년 2회 322종, 인터넷신

19) 신문일간신문은 1986년까지 30여 개에 불과하였으나 1987년 「정기간행물의 등록 등에 관한 법률」(이하 「정간법」)이 제정되면서 1도 1사체제가 1990년에 90여개, 1996년에 118개, 2002년 125개사, 2003년 134개사, 2004년에 139개사로 증가하였고 2005년에 「정간법」이 「신문법」으로 개정되면서 시설기준 요건이 삭제됨에 따라 일간지 수는 2008년 3월 10일 기준 총 285개임.

문[20] 927종이다. 이를 지역별로 살펴보면 서울이 5,647종으로 가장 많고 경기 1,187종, 인천 316종을 포함한 수도권이 총 7,150종으로 전체의 74.7%를 차지하고 있다.

[표 4-31] 연도별 정기간행물 등록 현황

(단위 : 천 달러)

연도별	일간신문	기타일간	주간	월간	격월간 이상	인터넷신문	계
2003년도	134	423	2,335	2,434	1,361	–	6,687
2004년도	139	426	2,316	2,505	1,424	–	6,810
2005년도	168	395	2,426	2,744	1,515	286	7,534
2006년도	193	372	2,697	3,028	1,633	626	8,549
2007년도	281	360	2,887	3,257	1,749	927	9,461

자료 : [표 2-1]과 동일.

2) 매출액

정기 간행물의 총매출액[21]은 2006년 2조5,827억원으로 이 중 종합지 11개사의 매출액은 1조7,778억원으로 전체 매출액의 63.9%를 점유하고 있다. 이를 규모별로 구분하면 상위3개사(조선일보, 중앙일보, 동아일보)의 매출액은 1조66억원으로 전체 매출액의 36.2%, 종합지 매출액의 56.6%를 점유하고 있다. 반면에 기타 8개사(경향신문, 국민일보, 내일신문, 문화일보, 서울신문, 세계일보, 한겨레, 한국일보)의 매출액은 7,712억원으로 전체 매출액의 27.7%를 점유하고 있다. 개별사별 매출을 보면 가장 매출액이 높은 신문은 조선일보(3,889억원)이며 그 다음으로 중앙일보(3,336억원), 동아일보(2,841억원), 매일경제(1,718억원), 한국경제(1,131억원) 순이다.

---

20) 「신문법」에 의하면 "인터넷신문"이라 함은 컴퓨터 등 정보처리능력을 가진 장치와 통신망을 이용하여 정치, 경제, 사회, 문화, 시사 등에 관한 보도, 논평, 여론 및 정보 등을 전파하기 위하여 간행하는 전자간행물로서 취재 및 편집인력 3인 이상을 상시 고용하고, 주간 게재 기사 건수의 30% 이상을 자체 생산한 기사로 게재해야 함.

21) 기업공시를 통해 매출액을 공개한 33개사(종합지 11, 경제지 6, 스포츠지 3, 지역일간지 13)임.

[표 4-32] 전국 종합일간지 추정 매출액 및 점유율 현황

(단위 : 개, 백만원, %)

종별		구분	신문 수	매출액	점유율	평균 매출액	비고
기업공시	종합지	상위 3개사	3	1,006,608	36.1	333,536	
		기타 8개사	8	771,268	27.7	96,409	
		종합지 소계	11	1,777,876	63.8	161,625	
	경제지		6	430,765	15.4	71,794	
	스포츠지		3	110,165	3.6	36,722	
	지역지		13	263,913	9.7	20,702	
기업공시 소계			33	2,582,719	92.8	117,633	
기타	자료신고		71	166,640	6.0	2,347	추정환산
	미신고		33	33,000	1.2	1,000	추정환산
기업비공시 소계			104	199,640	7.2	1,920	추정환산
합계			137	2,782,359	100.0	20,347	

자료 : [표 2-1]과 동일.

09 방송산업

1) 현황

방송 사업자는 2006년 564개에서 그동안 중계유선방송의 종합유선방송 전환 및 폐업으로 2006년 531개로 감소하였다. 구체적으로 살펴보면 지상파텔레비전방송 사업자(TV와 라디오 겸영사업자 포함)는 전국방송인 KBS, MBC, SBS등을 합쳐 32개, 라디오단독 사업자는 경기방송, 교통방송 등 11개, 지상파 이동멀티미디어 방송 사업자는 YTN DMB, U1 미디어 등 6개로 구성되어 있다. 또한 지상파공영방송의 범주에 해당하는 사업자는 KBS, EBS, MBC 등 22개, 민영방송은 SBS와 지역 민간방송 사업자 등 15개, 특수 방송사업자는 CBS 등 9개가 있다. 케이블TV는 종합유선과 중계유선으로 구분되는데 종합유선방송 사업자는 전국에서 107개 사업자가 운영되고 있다. 한편 중계유선방송 사업자는 139개, 방송채널사용 사업자는 187개 사업자(법인 기준)가 운

영되고 있다. 위성방송 사업자로는 2002년에 개국한 스카이 라이프와 2005년에 개국한 위성 DMB사업자인 TU미디어가 운영되고 있다. 방송산업의 종사자 수는 2006년 29,308명으로 매체별로 살펴보면, 지상파방송 13,785명(47%), 유선방송 5,885명(20.1%), 방송채널사용사업 9,179명(31.3%), 위성방송에 459명(1.6%)이 종사하고 있다.

한편 2006년 방송 사업자가 거둔 총매출액(비영리수입 포함)은 9조7,199억원이며, 이 중 지상파 방송의 매출액은 총 3조7,060억원으로 라디오 부문이 37,52억원, TV부문이 3조3,284억원이다. 특히 2006년 지상파방송 광고 매출은 2조4,687억원으로 전체 방송광고 시장(3조2,859억원)에서 차지하는 비중은 75.1%에 달한다. 반면, 수신료, 협찬, 프로그램 판매, 기타 사업수입 등 비광고 매출은 2006년 1조2,373억원에 달한다.

케이블TV의 매출액은 1조8,625억원으로 이 중 종합유선방송의 매출액은 1조8,476억원, 중계유선방송은 157억원에 달한다. 종합유선방송의 매출액 구성내역을 살펴보면, 수신료 수입은 8,438억원(전년 대비 13.8% 증가), 인터넷접속사업 수입은 5,208억원(전년 대비 27.5% 증가), 홈쇼핑 송출수수료는 2,386억원(전년 대비 11.2%증가)에 달한다.

[그림 4-8] 방송산업의 매출액 현황

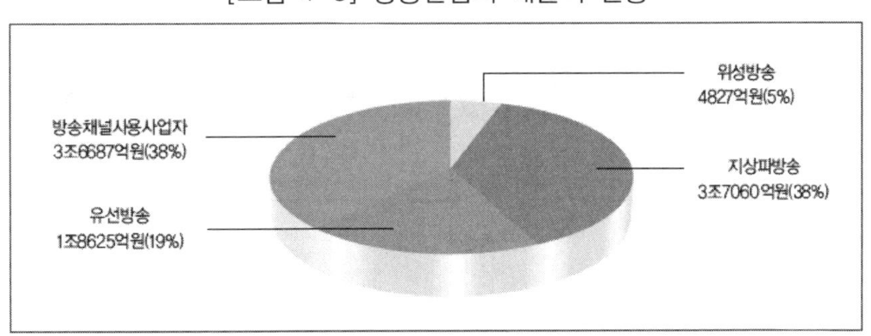

자료 : [표 2-1]과 동일.

방송채널사용사업의 매출액은 광고수입 등의 상승에 힘입어 3조6,687억원으로, 이 중 상품판매수입은 1조3,164억원(점유율 35.9%), 광고수입 7,181억원(19.6%), 수신료 2,006억원(5.5%), 그리고 기타사업수입 1조3,184억원(35.9%)

에 달한다. 특히 5개 홈쇼핑 사업자(농수산홈쇼핑, 씨제이홈쇼핑, 지에스홈쇼핑, 현대홈쇼핑, 우리홈쇼핑)의 비중은 1조8,849억원으로 전체 매출의 51.4%를 차지하고 있다.

한편 2007년도 방송프로그램 수출입 규모를 살펴보면 수출액은 1억6,300만 달러, 수입액은 3,227만 달러로 이는 드라마의 선전과 더불어 일본 시장의 회복에 힘입은 바 크다. 이 중 지상파방송은 수출액의 90.4%에 해당하는 1억 4,700만 달러, 반면에 방송채널사용 사업자 등의 수출액은 1,626만 달러(9.6%)에 그쳤다.

[그림 4-9] 방송산업의 수출입 규모

(단위 : 천 달러)

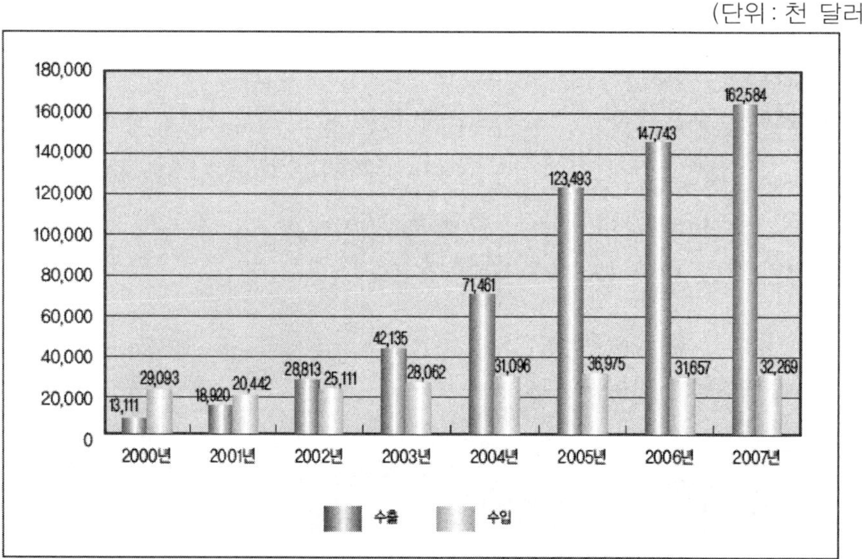

자료 : [표 2-1]과 동일.

참고 1 – 스타들의 회당 드라마 출연료

배우 회당 출연료

배우	작품명	회당 출연료
배용준	태왕사신기	2억5000만원
박신양	쩐의 전쟁	1억5500만원
송승헌	에젠의 동쪽	7000만원
권상우	못된 사랑	5000만원
박신양	비람의 화원	5000만원
이정재	에어시티	5000만원
송일국	바람의 나라	4000만원
고현정	히트	3500만원
송혜교	그들이 사는 세상	3500만원
손예진	스포트라이트	3000만원

〈유재혁, 한국경제신문, 2008.12.2〉

참고 2 – 드라마 따라 강남 가볼까?

드라마 '달콤한 나의 도시'의 주요 촬영지인 강남구 신사동 가로수길. 창문을 시원스레 열어젖힌 노천 형식의 와인바가 많아 젊은이들의 데이트 코스로 인기다.'달콤한 나의 도시'의 드라마 영어 제목은 'My Sweet Seoul'. 같은 제목으로 일본에서 번역돼 책으로 출간됐으며 드라마도 일본 방영이 추진되고 있다. 때문에 드라마가 히트해 '한류(韓流)'바람을 탈 경우 자연스럽게 드라마의 주요 배경지인 강남구의 인지도도 국제적으로 올라갈 것으로 기대된다.

CJ엔터테인먼트 드라마 사업팀 박지영 PD는 "보통 한류 드라마는 일본을 시작으로 동남아 등 아시아와 그 밖의 지역으로 수출되는 시스템이기 때문에 세계의 많은 시청자들이 드라마에 나오는 강남구의 패션 명소들을 통해 서울의 세련된 이미지를 느끼게 될 것"이라고 말했다. 강남구는 인터넷 등을 통해 '드라마 촬영지와 찾아가는 길, 즐기는 법' 등을 상세하게 알리는 한편, 가로수길 등 드라마의 배경지를 돌아보는 투어 프로그램을 운영하는 방안도 검토하기로 했다. 강남구는 "섹스 앤 더 시티"로 '뉴욕 스타일'이 전세계 시청자들을 사로잡은 것처럼 강남을 배경으로 한 드라마로 서울 관광과 한류 마케팅의 폭이 넓어졌으면 좋겠다"고 말했다.

〈정지섭, 조선일보, 2008.6.4〉

드라마 '달콤한 나의 도시' 강남구 주요 촬영지

참고 3 – 전국 26개 드라마 세트장의 그늘

전국에 지어진 사극 세트장은 현재 26곳에 이른다. KBS만 해도 통일신라시대부터 1945년 서울 시내까지 7곳의 오픈 세트장을 보유하고 있다. 각 방송사들은 1999년을 시작으로 수십억 대의 돈을 들여 대규모 세트장을 만들어왔고, 최근 종영된 MBC '태왕사신기'는 제주도 묘산봉 관광지구 내 세트장 건립 비용에만 130억원을 들였다.

문경의 '태조왕건' 세트장은 '대왕세종'으로 타이틀이 바뀌는 과정에서 사업 주체가 바뀌었다. KBS가 52억6000만원, 문경시가 3억원을 각각 부담했던 것이 이번 공사에선 반대로 문경시 60억원, KBS 5억원으로 책정됐다. 애초 KBS가 사극 촬영을 위해 자체 예산으로 세트장을 지었지만, 몇 년 사이 지자체가 사업비를 대고 관광특구로 개발하는 것이 관례가 되었다. '태조왕건' 세트장의 성공으로 각 지자체들이 방송사 세트장 유치에 올인하면서 세트장 유치 경쟁이 치열해진 것이 원인이었다. 1999년 41만7000여명이 찾던 문경새재도립공원은 '태조왕건' 세트장 건립 이후 일순간 206만9000여명으로 관광객이 늘었고, 그 이듬해까지 200만명이 넘는 입장객 수를 자랑했다.

하지만 지자체의 세트장은 사극 드라마가 종영된 이후 그 인기가 급격히 식어버린다. 태조 왕건 세트장이 재건립에 나선 것도 한 해 100만명 수준으로 떨어진 관광객 수가 가장 큰 이유였다. 현재 공원 입장료 2100원, 1년 20여억원의 예산으로는 세트장 유지와 공원 보수도 빠듯한 실정이다. 상황은 다른 지역 세트장도 마찬가지. 40억에 달하는 도비와 시군비가 들어간 SBS 토지의 횡성테마파크는 2005년 드라마 방영 당시에는 주변 땅값만 2배 이상 뛸 정도로 주목을 받았던 곳. 하지만 최근에는 주말에만 200여명의 관광객이 찾고 있다. 평일 관광객은 거의 없다. 이 외 용인시 시비 60억원이 충당된 MBC 신돈 세트장, 충북 제천시가 12억원을 투자한 KBS 세트장, 충남 부여군이 60억원을 들인 SBS 서동요 세트장 역시 방송 종료 이후 관광객이 절반 이상 줄어들었다. 횡성테마파크의 한 관계자는 "드라마 방영 당시에는 홍보가 많이 돼 사람들이 많이 찾았지만 이후에는 급격히 관광객 수가 줄어들었다"며 "기대할 수 있는 다른 홍보 수단이 없는 게 가장 큰 문제"라고 했다. 지자체 세트장 건설 붐에는 지자체와 함께 드라마 외주제작사들도 한몫을 한다"고 지적한다. 외주제작사들은 방송사의 세트장을 이용하지 않고, 따로 세트장을 짓고자 한다. 이때 제작사들은 외부 투자업체나 지자체를 끌어들여 드라마 테마공원 겸용 세트장을 조성한다. 더 많은 금액의 제작지원금을 받으려는 제작사의 바람과 투자자의 관광 수익에 대한 기대 심리가 맞아떨어져 새로운 세트장이 생겨나는 것.

과도한 세트장 건립으로 발생하는 문제점도 적지 않다. 대표적인 경우는 지자체 토지의 용도 변경이다. 개발이 제한된 산지나 농경지에 세트장을 불법적으로 건립하고, 주변 토지를 관광자원 활용이란 명분으로 상업 용지루 전용하는 것이다. 경기도 양평의 황진이 세트장과 전남 나주의 주몽 세트장의 산지관리법, 건축법 위반 등이 그 예이다. 황진이 세트장은 외주제작사와 협약을 맺은 시공사가 30억원을 들여 세트장을 건설하던 중 불법 건축물로 판명났다. 또, 주몽 세트장은 무허가 세트장을 지은 혐의로 현직 시장이 산지법 위반으로 벌금형에 처해지기도 했다. 이처럼 지자체나 투자업체가 드라마의 명성만 믿고 대규모 세트장을 건설함에 따라 만들어 대부분이 완성도가 떨어지고, 시간이 지날수록 관광자원으로서의 효용성이 사라져버리는 게 더 큰 문제이다.

〈김영민, 조선일보, 2008. 1. 19〉

10 광고산업

1) 광고의 특징

광고는 국가 경제적 차원에서 대량생산 및 대량판매를 가능케 하는 마케팅 도구로 다른 산업들과의 상호의존성이 매우 높으며, 국민경제에 커다란 파급효과를 미치는 산업이다

일반적인 산업과는 달리 광고산업은 매우 복잡하고 광범위하며, 다른 산업들과 밀접한 연관관계를 갖는다. 광고를 생산, 분배, 소비하는 관점을 중심으로 본다면 광고산업은 크게 광고주, 광고회사, 매체사 그리고 광고회사와 수직적 거래관계를 갖고 있는 광고물 제작업체들로 구성되는 복합적인 시장을 형성한다. 우선 광고주는 제품이나 서비스판매에서 이익을 남길 목적으로 광고활동을 수행하는 실질적인 광고의 주체이다. 광고회사는 광고주의 입장에서서 광고주의 광고활동을 대행해 주는 전문 조직체이다. 광고회사는 광고주

의 광고를 기획・제작함과 동시에 광고를 잠재 고객들에게 전달할 매체를 선택하고 구패하는 역할도 담당한다. 한편, 매체사는 완성된 광고물을 잠재고객들에게 전달하는 고리역할을 한다. 이처럼 광고산업은 서로 다른 성격의 광고주, 광고회사, 매체사가 서로 연결 고리를 형성해 광고를 생산하고 분배하는 역할을 담당함으로써 이루어지는 독특한 구조적 특성을 지니고 있다.

우리나라의 경우 광고산업의 분류는 한국표준산업분류에 의해 광고산업(745)은 광고대행업(74,510), 옥외광고업(74,591), 광고매체 판매업(74,592), 광고물 작정업(74,593), 기타 광고업(74,599) 등을 포함한다.

2) 광고의 기능과 역할

광고산업은 기업과 소비자를 연결시켜 주는 중요한 위치를 차지하고 있다. 오늘날 자본주의 경제는 대량생산과 대량판매, 대량소 비를 통한 잉여가치를 창출하는데 있다. 이를 위해 기업가들은 생산된 제품의 빠른 유통과 자본 순환을 위해 소비자들을 시장으로 적극적으로 끌어들이고자 하는데 이때 중요한 수단으로 활용하는 것이 바로 광고이다. 광고가 소비자 개인, 기업에게 어떤 기여를 하는지를 살펴보면 다음과 같다.

첫째, 소비자 측면에서는 광고는 소비자에게 보다 좋은 경제적 의사결정을 할 수 있도록 긍정적인 경제적 서비스, 즉 유용한 정보를 제공한다. 이에 따라 경제생활에 있어 소비자의 힘을 확대시킬 수 있고 보다 소비자들을 능동적인 수용자로 만들 수 있다. 광고에 의 해서 소비자들의 정보의 양은 확대되고 탐색비용은 감소하며 주어진 상호체계 하에서 증대된 정보량을 이용하여 보다 가치 있는 상품을 구매할 수 있을 것이다. 또한 소비자 측면에서 광고는제품 가격 인하 효과를 가져온다. 광고가 소비자 가격을 인상시킨다는 일반적 믿음과는 달리 성공적인 광고는 대량생산 과 판매를 가능하게 하여 줌으로써 생산과 판매 원가를 절감하게 하여 결국 판매가격이 낮아지게 하는 효과가 있다.

둘째, 기업의 측면에서 광고는 새로운 시장 개척의 기회 제공 및 구 시장의 재활성화를 촉진시킬 수 있다. 오늘날과 같이 전세계를 대상으로 마케팅 활동을 전개하는 상황에서 새로운 제품으로 시장에서 성공하려면 반드시 넓은 지역에 있는 다양한 사람들에게 신제품에 대한 정보를 전달해야한다. 특히 수출

의존도가 높은 우리나라의 경우, 해외 시장에서 보다 적극적인 광고활동이 필요하다. 또한 광고는 내수경제를 확대 시키는 기능을 수행한다. 왜냐하면 광고를 통하여 신제품에 관한 정보를 전달 받은 소비자의 신제품 수용도가 높아져서 이를 구매, 소비하고자 하는 수요욕구가 환기되어 시장확대가 이루어질 수 있기 때문이다.

셋째, 광고는 교육기능을 수행한다. 대중에게 상품의 소재, 성능, 용도 및 사용방법 등에 관한 정보를 제공함으로써 소비자의 소비생활을 다양하고 풍부하게 한다. 넷째, 광고는 생활수준을 개선하는 데 크게 작용하며 생활의 평준화를 도모하고 대중문화를 형성시켜 새로운 문화, 오락을 제공해 준다.

넷째, 다른 기업들과는 달리 신문이나 방송과 같은 매스 미디어 산업은 두 개의 시장에서 수입을 얻는다. 하나는 소비자, 독자와 시청자로 부터의 판매, 시청료 수입이고 다른 하나는 광고시장에서의 광고수입이다. 매스 미디어들의 광고 의존도는 미디어 특성에 따라 다양한데, 대체적으로 신문과 방송 부문의 의존율이 높다. 미국은 신문이 약 75%, 방송은 거의 100%를 광고 수입에 의존한다. 우리나라도 1980년대 이후 에는 약 70%에 달하고 있다.

3) 현황

2006년 한국의 광고산업 규모는 아시아 국가에서 일본, 중국에 이어 3위를 차지하고 있으며, 전세계적으로 9위를 기록하고 있다. 2007년 국내 총광고비

[표 4-33] 매체별 국내 광고비

(단위 : 억원, %)

구분		광고비			전년대비 성량률	2007년 구성비
		2007년	2006년	2005년		
4배체	TV	21,076	21,839	21,492	−3.5	26.4
	RADIO	2,807	2,799	2,683	0.3	3.5
	전파계	23,883	24,638	24,175	−3.1	29.9
	신문	17,801	17,013	16,724	4.6	22.3
	잡지	4,841	4,591	4,368	5.4	6.1
	인쇄계	22,642	21,604	21,092	4.8	28.3
	4배체 계	46,524	46,242	45,267	0.6	58.2

구분		광고비			전년대비 성량률	2007년 구성비
		2007년	2006년	2005년		
옥외 광고		6,793	7,737	7,358	-12.2	8.5
4매체 광고제작, 기타		7,873	7,711	7,315	2.1	9.9
뉴미디어	케이블TV	8,297	6,721	4,868	23.5	10.4
	인터넷	10,200	7,790	5,669	30.9	12.8
	스카이라이프	120	120	62	0.3	0.3
	DMB	88	19	-	362.9	0.11
	소계	18,706	14,650	10,599	27.7	23.4
총계		79,897	76,339	70,539	4.7	100.0

자료 : [표 2-1]과 동일.

[그림 4-10] 최근 매체별 광고비 구성비 변동 현황

(단위 : %)

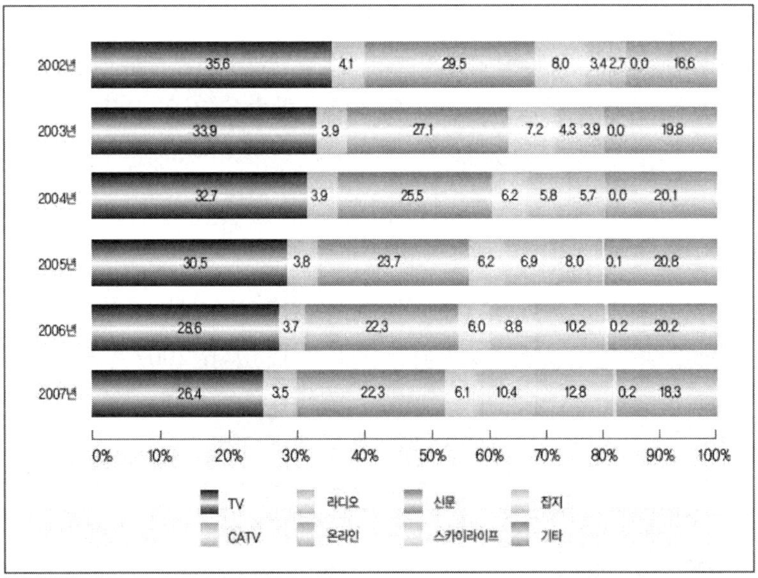

자료 : [표 2-1]과 동일.

는 약 8조원으로 이를 매체별로 살펴보면 지상파방송광고비가 2조 3,883억원으로 전체 광고 시장에서 29.9%를 차지하였으며, 신문이나 잡지의 광고비는 2조2,642억원을, 옥외광고는 6,793억원을, 인터넷광고는 1조원, 케이블TV는 8,297억원에 달한다.

[표 4-34] 업종별 광고비

업종	TV	Radia	신문	잡지	합계	전년대비 성장율	구성비	2006년 광고비
기초재	23,340	9,746	25,572	2,966	91,625	9.2	2.0	83,888
식품	220,702	16,407	52,033	14,856	303,998	-12.2	6.5	346,077
음료/기호식품	160,215	12,734	33,756	17,864	224,570	-15.1	4.8	264,611
제약 및 의료	93,712	17,772	92,034	14,921	218,439	16.0	4.7	188,229
화장품/보건용품	133,298	8,134	39,624	75,048	256,103	-3.8	5.5	266,232
출판	23,056	6,815	137,489	6,447	173,808	5.3	3.7	164,997
패션	37,573	5,855	56,109	143,217	242,754	2.3	5.2	237,270
산업기기	16,747	813	8,995	7,761	34,316	16.5	0.7	29,462
정밀기기/사무기기	6,441	1,735	13,256	29,204	50,636	19.1	1.1	42,532
가정용 전기전자	108,855	6,983	78,948	16,932	211,719	-18.2	4.6	258,790
컴퓨터/정보통신	332,681	29,059	157,010	20,318	539,069	0.8	11.6	535,044
수송기기	93,238	12,758	75,571	23,581	205,148	-5.5	4.4	217,047
가정용품	75,712	10,976	67,701	27,123	181,512	19.5	3.9	151,916
화학공업	6,438	2,536	1,782	1,588	12,344	-26.0	0.3	16,685
건설/건재/부동산	181,494	42,256	134,577	8,780	367,107	-3.0	7.9	378,429
유통	55,584	8,373	95,668	8,816	168,441	-22.5	3.6	217,475
금융/보험/증권	314,643	51,496	215,276	15,191	596,606	16.3	12.8	513,021
서비스	100,229	20,058	301,988	35,937	458,213	5.0	9.8	436,599
관공서/단체	28,239	8,424	83,115	7,220	126,998	20.3	2.7	105,596
교육/복지후생	14,493	4,441	82,525	3,125	104,584	7.3	2.2	97,442
그룹/기업광고	50,868	3,344	27,069	3,166	84,447	15.8	1.8	72,907
합계	2,107,560	208,717	1,780,100	484,060	4,652,436	0.6	100.0	4,624,248

자료 : [표 2-1]과 동일.

[표 4-35] 방송사별 광고비

구분	2005년		2006년		2007년	
	금액	구성비	금액	구성비	금액	구성비
지상파방송3사	21,106	87.3	21,546	87.4	20,900	87.3
지역민방	2,040	8.4	2,068	8.4	1,979	8.3
종교방송	1,029	4.3	1,014	4.2	1,064	4.4
합계	24,175	100.0	24,628	100.0	23,943	100.0

자료 : [표 2-1]과 동일.

특히 지상파 전체 광고비에서 방송3사가 차지하는 비중은 전체 광고 시장의 87%로 독과점적 구조를 보이고 있으며, 지역 민방이 8.4%, 종교방송이 4.3% 내외를 유지하고 있다. 업종별로는 금융/보험/증권이 전체 광고 시장에서 12.8%를 차지하고 있으며, 컴퓨터/정보통신이 11.6%의 점유율을 보이고 있다. 이외에 5% 이상을 보이고 있는 시장 주도 업종은 서비스, 건설/건재/부동산, 식품, 화장품/보건용품, 패션 등이다.

한편 2006년 광고산업 전체 4,735개 사업체의 취급액 기준 산업 규모는 9조1,180억원으로 이를 업종별로 살펴 보면 광고(종합)대행이 5조7,057억원으로 절대적인 비중을 차지하고 있으며, 그 외 광고제작업, 서비스업, 인쇄, 온라인업, 기타 업종의 취급액이 3조4,123억원에 달한다. 광고산업의 종사자 수는 2006년 27,488명으로 그 중 정규직 종사자는 24,770명, 비정규직 종사자는 2,718명에 달한다.

4) 과제 및 전망

우리나라 광고산업은 외형적으로 세계 10위권에 속하지만 미국, 일본, 유럽 등 선진국에 비해 각종 규제가 과도한 상태이며, 광고주-광고회사-제작사 간의 불합리한 거래관행으로 광고산업의 건전한 성장에 장애가 발생하고 있다. 광고가 창의력을 바탕으로 한 지식산업임에도 불구하고 대다수의 국민들이나 심지어 관련 업계의 종사자들까지도 광고를 재화나 서비스의 마케팅수단으로 인식하고 있다. 외환위기 이후 외국의 다국적 광고회사들이 국내 광고산업에 본격적으로 진출하였으나 우리나라 광고산업의 해외 진출은 극히 미미한 상태이다.

최근 국내 광고시장은 방통융합에 따른 매체규제환경의 변화, IPTV의 등장에 따른 기존 매체와 케이블TV 및 인터넷 매체와의 치열한 경쟁, 중간광고 도입에 따른 이해 당사자 간의 논란, 광고심의제도의 변화, 그룹계열 광고회사의 설립에 따른 광고회사의 지각 변동 등이 주요 이슈로 등장하였다. 이런 상황 하에서 국내광고 산업이 경쟁력을 얻기 위해서는 국가 이미지 관리 사업, 광고주-광고회사-제작사 간의 거래 관행 개선, 인터넷 등의 광고거래 표준화 사업, 대국민 광고인식 제고, 실효성이 있는 산학협력 프로그램 가동, 해외 교류협력 강화 사업 등을 추진할 필요가 있다.

참고 1 – 광고시장 다시 인하우스 시대

LG의 광고사업 복귀로 국내 광고시장은 다시 '인하우스 에이전시(계열사 광고를 전담하는 광고회사)'시대를 맞게 됐다. 외환위기 이후 그룹 구조조정 1순위였던 인하우스의 재설립 붐은 기업들의 글로벌 경영확대전략과 무관하지 않다. 기업 브랜드와 신제품을 연계, 일관되고 효과적인 광고 마케팅을 펼치는데는 그룹 사정에 정통한 인하우스가 유리하다는게 입게 설명이다.

LG가 6년 만에 광고회사를 되찾아오면서 ㈜LG와 LG전자, LG화학, LG텔레콤 등 주요 LG계열사의 2000억~2500억원에 달하는 광고 및 전략적 홍보 행사물량이 이동할 것으로 예상된다. 제일기획은 삼성 계열의 광고를 기반으로 국내 광고업계 부동의 1위 자리를 고수하고 있으며, 삼성의 글로벌 광고물량까지 수주, 지난해 매출액(취급액기준)이 2조원을 웃돌았다. 2005년 설립된 현대 · 기아자동차그룹의 이노션은 연간 2000억원이 넘는 현대 · 기아차의 광고를 싹쓸이하면서 단숨에 광고업계 2위(2008년 상반기 기준)로 올라섰다. 1998년 자회사인 태광멀티애드드를 외국계 광고회사인 TBWA사에 넘겼던 SK는 지난 5월 SKM&C를 설립하면서 SK텔레콤과 SK에너지 등 대형 계열사들의 물량 집중이 예상돼 5위권내 진입을 예약했다.

광고업계 관계자는 "LG의 광고업 진출로 업계 선두인 제일기획을 비롯해 이노션, HS애드, SK M&C 등의 4대그룹 인하우스들이 국내 광고업계를 장악하게 됐다"며 "앞으로 일반 광고물량까지 4대그룹 계열의 광고사로 쏠릴 가능성이 높다"고 내다봤다.

외환위기를 전후로 인하우스들은 속속 외국계 광고회사로 팔려나갔다. 그룹 계열사 광고물량을 편하게 수주하다 보니, 창의성이 떨어져 광고 마케팅 효과가 떨어진다는 비난이 안팎에서 제기된 결과다. 이에 따라 불과 몇년 전만 해도 국내 10대 광고회사중 제일기획(삼성), 대홍기획(롯데), 오리콤(두산)을 빼고는 외국계와 독립 광고대행사가 시장을 주도해왔다. 하지만 외국계 광고회사 국내 진출 후 풍부해진 광고 전문인력과 글로벌 시장을 겨냥한 '맞춤형 광고 마케팅' 수요 등으로 인하우스가 주목을 받기 시작했다. 보안문제도 인하우스 설립 붐에 한몫을 했다.

계열사 의존도가 높은 광고회사를 직접 설립, 그룹 외형을 넓히려는 것도 국내에 인하우스가 잇따라 등장하는 이유다. 롯데의 대홍기획, 한화의 한컴, 대상의 상암커뮤니케이션 등은 그룹 계열사의 광고물량을 바탕으로 업계 10위권을 유지하고 있다.

〈손성태/장창민, 한국경제신문, 2008.7.29〉

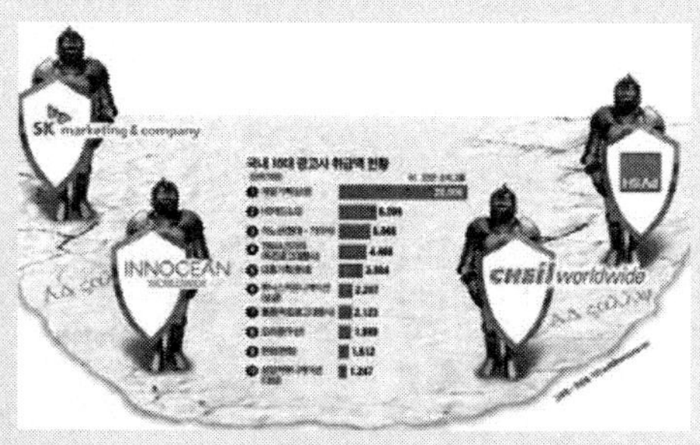

11 출판산업

1) 현황

서적, 신문, 잡지, 인쇄 및 유통을 포함한 2006년 출판산업 전체의 매출 규모는 19조8,792억원으로, 이 중 출판업이 7조9,621억원으로 전체의 40.0%이며, 출판 도소매업이 7조4,977억원(37.7%), 인쇄업이 3조6,119억원(18.2%), 온라인출판 유통업이 6,764억원(3.4%), 출판임대업이 1,310억원(0.7%)에 달한다.

국내 출판사는 1987년 10월 정부의 출판 활성화 조치에 따라 신규 등록이 자유화되면서 당시 3,000개 정도이던 출판사 수는 2003년 2월 27일부터 시행된 「출판 및 인쇄진흥법」으로 출판사 및 인쇄사의 설립이 등록제에서 신고제로 전환된 이후 꾸준히 증가하여 2007년 29,977개사에 달하며, 이들 출판사가 발행한 종수는 41,094종으로 전체 출판사의 9.0%가 담당하고 있다. 특히 출판사로 설립 신고를 해 놓고도 한 권의 책도 발행하지 않은 무실적 출판사 수는 전체의 91.0%에 해당하는 27,273개사이다. 또한 전국출판사의 80.7%에 해당하는 2만4,200개사가 수도권(서울・인천・경기) 지역에 밀집해 있어 우리나라 출판산업의 수도권 편중 현상은 갈수록 심화되고 있다.

분야별로 출판은 문학이 7,752종으로 전체 발행 종수의 18.8%로 가장 많이 발행되었으며, 이밖에 아동 7,307종, 만화 7,290종, 사회과학 5,579종, 순수과학 565종, 역사 1,048종, 총류 515종이 발행되었다.

전체 도서 발행 종수 중 번역서의 비중은 1990년대 중반까지만 해도 15%대에 머물렀으나, 번역출판 점유율이 점차 높아지면서 2007년에는 30.0%(12,322종)에 달하였다. 이 가운데 아동도서가 2,811종 발행되어 점유율 22.8%로 가장 많았고, 이어서 만화(2,646종), 문학(2,349종), 사회과학(1,433종) 순이다. 이는 학습참고서 등의 일부 분야를 제외하고는 출판 콘텐츠의 자급자족률이 매우 취약하기 때문이다. 한편 2007년 말 현재 신고된 인쇄사는 모두 8,980개사로 서울이 1,783개사로 전체의 19.9%를 차지하고 있고, 경기 지역이 1,575개사, 대전 585개사, 부산 547개사, 대구 535개사, 경남 504개사에 달한다. 특히 국내 인쇄업체는 5인 이상 사업체가 3,154개사로 전체 인쇄업체의 17.9%를 차지하고 있으며, 5인 미만의 영세한 인쇄업체가 82.1%를 차지하고 있는 실정이다.

[표 4-36] 출판산업 매출액 현황

(단위 : 백만원, %)

구분		2005년	2006년	구성비
출판업	서적출판업	3,756,298	3,631,970	18.3
	신문발행업	2,610,705	2,679,208	13.5
	잡지 및 정기 간행물 발행업	880,626	934,231	4.7
	정기광고 간행물 발행업	296,140	344,193	1.7
	기타 오디오 기록 매체 출판업	7,793	6,521	0.0
	기타출판업	241,588	366,056	1.8
	출판업 합계	7,793,150	7,962,179	40.0
인쇄업		3,684,498	3,611,949	18.2
출판도소매업	서적 및 잡지 도매업	3,250,341	3,240,626	16.3
	서적 및 잡지류 소매업	4,376,601	4,257,087	21.4
	출판도소매업 합계	7,626,942	7,497,713	37.7
온라인 출판유통업	인터넷/모바일전자출판서비스	136,785	76,975	0.4
	인터넷서점(만화 제외)		599,430	3.0
	온라인출판 유통업 합계	136,785	676,405	3.4
출판임대업	서적임대(만화 제외)	150,581	131,009	0.7
합계		19,392,156	19,879,255	100.0

자료 : [표 2-1]과 동일.

[표 4-37] 연도별 출판사 수와 무질서 출판사 비율

(단위 : 개사, %)

연도별	1998	1999	2000	2001	2002	2003	2004	2005	2006	2007
출판사 수	13,822	15,385	16,059	17,239	19,135	20,782	22,498	24,580	27,103	29,977
비율	83.1	86.9	89.3	91.0	92.2	92.7	92.4	90.8	92.1	91.0

자료 : [표 2-1]과 동일.

[표 4-38] 번역도서 비중 추이

(단위 : 종, %)

분야	1996	1997	1998	1999	2000	2001	2002	2003	2004	2005	2006	2007
총발행종서	31,256	33,610	36,960	35,044	34,961	34,297	36,186	35,371	35,394	43,598	45,521	41,094
번역서	4,834	6,129	6,633	6,860	8,839	9,680	10,444	10,294	10,088	8,938	10,482	12,322
구성비	12.0	18.2	17.9	19.6	25.3	28.3	28.9	29.1	28.5	20.5	23.0	30.0

자료 : [표 2-1]과 동일.

[표 4-39] 2007년 출판 분야별 · 주요국별 번역출판 현황

(단위 : 종, %)

분야	총류	철학	종교	사회과학	순수과학	기술과학	예술	어학	문학	역사	학습참고	아동	만화	계
총 발행 종수	515	1,066	1,980	5,579	565	3,135	1,441	1,667	7,752	1,048	1,749	7,307	7,290	41,094
번역 종수	78	572	796	1,433	221	487	444	192	2,349	290	3	2,811	2,646	12,322
번역서 비중	15.1	53.7	40.2	25.7	39.1	15.5	30.8	11.5	30.3	27.7	0.2	38.5	36.3	30.0
일본 도서	16	75	16	342	38	185	88	108	780	61	1	243	2,602	4,555
미국 도서	40	224	586	758	104	207	138	46	582	71	2	967	17	3,762

자료 : [표 2-1]과 동일.

한편 2007년 말 현재 전국의 서점 수는 3,251개이며 문구점 겸업점을 제외한 순수 서점은 2,042개이다. 최근 인터넷서점 및 대형 할인마트의 도서 취급점이 확대되고 대형서점의 지점이 증가하는 방향으로 도서 유통환경이 변화하고 있다. 규모별 서점 수를 보면 2007년 12월 기준으로 500평 이상 대형서점은 32개인 반면 50평 미만의 소형 서점은 2,653개이다. 50평 미만 소형서점은 전체서점 중 81.6%를 차지하고 있다.

[표 4-40] 연도별 인쇄사 수와 서점 수

(단위 : 개)

연도별	1997	1998	1999	2000	2001	2002	2003	2004	2005	2006	2007
인쇄사 수	5,194	5,402	5,513	5,609	5,795	6,051	6,269	6,738	7,066	8,030	8,980
증가율	3.3	4.0	2.1	1.7	3.3	4.4	3.6	7.5	4.9	13.6	11.8
서점 수	5,407	4,897	4,595	3,357	2,646	2,328	2,247	3,589	3,428	3,336	3,251

2) 전망

출판산업은 한 나라의 문화가 총체적으로 체화된 문화상품인 출판물을 생산하는 문화산업이자, 생산자의 전문성과 창의성에 의해 경쟁력이 결정되는 지식 창조산업이다. 그리고 이를 통해 사회적으로 가치 있는 지식과 콘텐츠가 매개되는'지식 창구산업'이기도 하다. 즉 국가의 총요소 생산성을 키우고 지식기반경제를 발전시키려면 지식자원을 가장 효율적으로 생산－유통－이용－재생산하는 출판산업을 적극 육성하는 것이 관건이다.이를 위해서는 출판발전기금의 활성화, 인쇄 및 출판 전문인력의 양성, 해외 수출확대를 위한 수출용 출판콘텐츠의 번역 출판 및 마케팅 활동 지원을 강화하여 출판산업의 국제경쟁력을 강화하여야 한다.

12 공연산업

1) 정의와 특징

공연예술이란 공연장을 매개로 하여 생산과 소비가 동시에 이루어지는 공연예술로 수요 측면에서는 소비자에게 일정한 감상능력을 요구한다는 점에서 일반 상품과는 다른 특성을 갖는 동시에 특히 대중문화 서비스와도 일정한 차별성을 갖는다. 또한 공연예술은 공급 측면에서 일정한 예술적 재능을 갖춘 공연자(연주가 또는 연기자)에 의해 생산되는 서비스가 공연예술이다.

공연산업은 연극, 음악, 무용 등 공연콘텐츠의 기획·제작 및 유통과 관련된 산업으로 대중음악으로부터 서양음악, 국악, 오페라, 뮤지컬, 창극, 악극,

가극, 마당극, 마임, 인형극, 무용 등에 이르기까지 다양하며 다음과 같은 특징을 지니고 있다.

첫째, 창작, 기획/제작, 배급, 소비자 접촉 등으로 구성되는 문화산업의 가치창출사슬이다. 공연예술의 가치사슬은 창작, 기획, 그리고 최종 소비자에게 이르기까지의 전 과정을 망라한다. 창작 활동은 작사, 작곡, 희곡, 저작 활동 등을 포함하고, 기획 활동은 창작자와의 교섭을 포함하여 캐스팅과 마케팅 활동 등이 있고, 배급에는 의상, 무대, 조명, 음향과 공연장에서의 티켓판매, 관련 상품의 판매활동이 포함된다.

둘째, 전체 산업 중 공연예술부문이 차지하는 비중은 공연예술이 포괄하는 범위에 따라 차이는 있지만 미국은 공연예술 서비스에 대한 소비지출이 1997년 기준으로 국내총생산의 0.12% 수준이고, 이를 고용 측면에서 살펴보면 전체 노동력의 약 0.3%이다. 관객을 중심으로 미국 공연예술부문의 장르별 시장 규모는 뮤지컬, 고전음악, 연극, 재즈, 무용, 발레, 오페라 등의 순서로 이루어져 있다.

셋째, 공연예술부문은 높은 노동집약적 서비스산업이다. 호주의 공연예술기업은 제조업 전체의 경우 인건비가 총 지출액에서 차지하는 비중이 23%인 반면에 공연예술은 음악 84%, 오페라 60%, 연극 54%, 발레 37% 등과 같이 장르별로 차이를 보이지만 평균 61%를 차지한다. 우리나라도 1997년 기준으로 예술분야의 인건비 비중이 평균적으로 27% 수준인데 비해 공연예술분야에서 인건비가 차지하는 비중은 장르에 따라 다르지만 특히 양악 분야에서 높고(60%), 기타 분야의 경우에도 예술분야의 평균보다 높다(연극 48%, 무용 46%, 국악 41%).

넷째, 많은 공연기업들이 대도시로 집중하게 됨으로써 공연예술부문은 심한 지역적 차별화를 갖고 있다. 호주의 경우, 시드니와 멜버른의 인구가 호주 전체에서 차지하는 비중이 약 40%인 반면에 공연예술활동이 차지하는 비중은 평균 80%이고, 런던과 뉴욕의 인구가 국가 전체에서 차지하는 비중이 각각 13%와 6%인 반면에 공연예술활동이 차지하는 비중은 각각 33%와 20~50%이다.

다섯째, 공연예술 산업은 소수의 거대 공연단체들이 고용, 관객, 티켓 판매

수입 등을 지배하는 일종의 과점적 시장 형태를 띠고 있다. 호주를 대상으로 실증 분석한 자료에 의하면, 연극 분야를 제외한 오페라, 음악, 발레 등의 분야에서는 상위 10개 공연기업들이 고용, 관객, 티켓 판매수입 등에서 많게는 99%까지 시장을 지배하고 있다.

[표 4-41] 공연예술산업의 과점적 시장지배 실태

(단위 : %)

	음 악	오페라	발 레	연 극
티켓구입	81.3	98.4	97.0	43.8
예술가 고용	96.0	94.8	65.8	21.7
관객수	89.5	96.4	80.4	25.5

자료 : [표 2-1]과 동일.

2) 공연예술의 경제학

(1) 공연예술의 수요

일반적으로 연극, 오페라, 무용 및 음악과 같은 공연예술에 대한 수요의 결정요인는 가격, 대체적인 레저상품 가격, 소비자의 소득 및 공연예술의 질적 특성 등을 고려할 수 있다.

물론 공연예술에 대한 수요 결정요인을 파악하는 데 있어서 소비자가 쉽게 접근할 수 있는 대중가요나 방송 오락과 서커스 등에 대한 수요와 오페라, 연극, 고전음악, 재즈, 고전 및 현대무용, 그리고 실험극이나 전위예술 등을 포함하는 소위 고급공연예술에 대한 수요를 구별할 필요가 있다. 전자는 대체재를 쉽게 찾을 수 있어 자체 가격에 대한 수요의 반응이 매우 높다. 반면에, 후자는 선천적인 기호의 다양성을 반영하여 가격탄력성이 낮고, 공연예술의 질적 성격이 수요에 결정적인 역할을 하게 된다.

한편, 소득변화에 대한 공연예술의 수요는 다소 민감하다. 그 이유는 첫째, 어떤 종류의 공연예술은 사회적 지위와 부유층의 과시적 소비욕구가 결합된 사치재로 간주할 수 있기 때문이다. 즉, 무대 위에서 무엇이 공연되고 있는가에 관심을 쏟기보다 어떤 사람들이 참석했는가에 보다 많은 관심을 갖게 되는 현상은 대부분 국가에서 공연 첫날에 공통적으로 나타난다. 둘째, 장기적인 공연예술의 수요는 교육수준과 관련되어 있고, 교육수준은 또한 소득의 결정요인 가운데 하나이다. 따라서 공연예술에의 참석과 소비자의 소득간에는 정(+)의 관계가 있다.

마지막으로 대본, 배우 및 프로덕션의 수준 등과 같은 공연예술의 여러 가지 특성들을 고려하여 소비자의 수요가 입장료에 대해서는 비탄력적이지만 공연의 질적인 변화에 대해서는 아주 민감하게 반응한다.22)

(2) 공연예술의 생산

일반 기업과 마찬가지로 공연예술기업 역시 주어진 생산기술에 노동과 자본을 투입하여 산출물을 생산한다. 일반적으로 교향악단과 극단의 산출물은 연주회나 연극 공연이 될 것이다. 그러나 생산물의 제조과정(즉, 사전 준비, 리허설 등)과 무대에서의 실제 공연 사이에는 차이가 있다. 여기서 말하는 공연이란 동일한 산출물을 계속적으로 반복하는 과정이다. 산출물을 위와 같이 해석하면 퍼포먼스의 목적이 관람자로 하여금 문화적인 체험을 제공한다는 점이 간과될 수도 있다. 따라서 공연기업의 산출물에 대한 대용 변수를 주어진 기간 내의 관객의 수로 정의할 수 있다. 일반적으로 공연예술의 산출물은 개별 참가자들이 향유하는 사적 부분과 문화적인 가치로부터 도출되는 공적 부분의 결합생산에 의한 혼합재적 성격을 갖는다.

(3) 공연예술기업의 구조와 행태

대부분의 국가에서 공연예술산업은 시장경제에서 비영리조직이 자발적으로 설립 운영되는데 그 이유는 정부가 제공하는 공공재에 만족하지 못하는 소비자들에 대한 반응 때문이다. 즉, 소비자들이 정보 부족 상태에 처해 있거나 제공된 재화와 용역의 질을 정확하게 판단할 수 없는 경우에는 이윤추구기업보다 비영리기업을 소비자들이 보다 더 선호하게 되며, 그 밖의 가설들은 비영리기업이 확산되는 이유에 대해 특정 지역에서의 정부 보조금이나 각종 면세제도 등에 의한 기부금의 확대에서 찾고 있다.

---

22) Moore는 브로드웨이 극장에 대한 수요의 가격탄력성이 −0.33에서 −0.63인 것으로 추정, Felton은 미국의 유명 교향악단에 대한 가격탄력성이 −0.6이고, 발레와 오페라공연단체 전체의 가격탄력성은 약 −0.1에서 −0.6 정도임.

공연예술의 생산성 향상은 제조업에서의 생산성 향상과 다르다. 제조업은 노동투입 1단위당 물적 산출량이 지난 200여 년간 수천 퍼센트가 증가하였지만 모차르트 현악 사중주를 공연하는 데 요구되는 노동투입량은 동 기간 동안 아무런 변동이 없다. 경제 전반의 임금상승은 생산부문에서는 생산성 향상에 의해 상쇄되지만, 다른 부문에서는 상대비용의 증가로 나타난다. 수요의 증가율이 미진할 경우 공연예술기업에서 수익과 비용간에 큰 차이(손해)가 발생함에 따라 이들 기업의 생존을 위해서는 개인적 박애주의자나 정부로부터의 지속적인 보조가 필요하다.

물론 공연예술기업은 새로운 공간 디자인, 음향시스템 및 조명의 개선 등을 통해 보다 많은 관객들을 공연장으로 유인할 수 있으며 홍보활동이나 마케팅 등을 통해 기타 수입을 개선시킬 수 있다. 또한 소비자의 소득 증가와 교육수준의 향상을 통한 소비지출과 기호 변화로 공연예술기업들의 재정을 개선시킬 수 있다. 최소한 이러한 기대에 부합될 것이다.

3) 현황

공연산업은 연극, 음악, 무용 등 공연콘텐츠의 기획·제작 및 유통과 관련된 산업으로 타 문화산업 분야와는 달리 산업적 측면보다는 예술적 측면이 강조되어 왔다.그러나 최근 들어 뮤지컬, 오페라, 콘서트 등이 흥행에 성공하면서 공연예술의 산업화에 따른 경제적 가치의 추구뿐 아니라 예술의 자생력을 높이기 위한 의미로 재해석되고 있다. 국내 공연 시장은 공연장 및 공연 단체의 수, 공연 건수 등으로 시장 규모가 증가하고 있어 매출액은 6,925억원으로 만화산업(4,362억원) 및 애니메이션(2,338억원)보다 높으며 전체 문화산업(약 54조, 2005년도)의 1.3% 정도를 점하고 있다.

공연예술 시장의 구조는 창작자인 공연예술단체와 공연예술인에 의해 생산된 공연예술상품은 중개자인 공연주최자를 통해 소비자인 관객에게 전달되고 이 과정에서 공연주최자는 공연예술단체(인)에게 대가(공연사례)를 지급하게 되며, 관객은 공연주최자에게 대가(입장요금)를 지급한다. 그러나 공연예술은 구조적으로 입장권 판매수입만으로는 공연비용을 충당할 수 없기 때문에 국고, 지방비, 문예진흥기금과 같은 정부의 직접 지원,[23] 조세감면혜택, 기업메

세나, 개인기부금 등 다양한 방법으로 지원이 이루어지고 있다.

공연 시설, 공연 단체(공연기획사 포함) 등 공연예술 기관은 2006년 총 3,271개이며, 이 중에서 공연 시설이 637개(공연장의 경우 847개), 공연 단체가 2,385개이다.

[그림 4-11] 공연예술 시장 구조

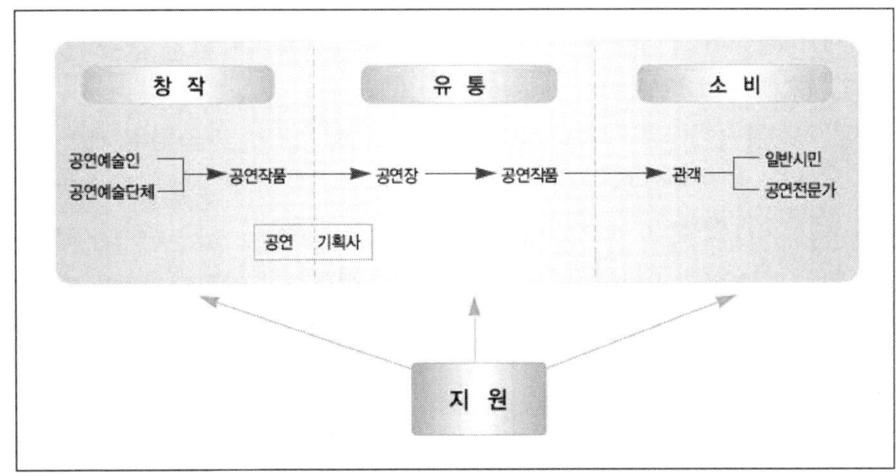

자료 : [표 2-1]과 동일.

따라서 공연장의 공연 실적를 살펴보면 총 공연 건수는 42,055건, 공연 일수 104,209일, 공연 횟수는 123,294회이며, 전체 공연 관객 수(637개 공연 시설 기준)는 총 29,046,227명으로, 이 중 유료 관객은 15,751,855명으로 전체 관객의 54.2%의 비중을 차지하고 있다.

공연 시설 및 공연 단체의 연간 총 수입액은 약 1조2,951억원으로, 공연 시설 총수입은 약 8,196억원, 공연 단체 총수입은 약 4,755억원이며, 총 수입액 중 일반기업의 매출액에 해당된다고 볼 수 있는 자체수입액은 약 6,925억원이다. 반면에 공연 시설 및 공연 단체 연간 총지출액은 약 1조 4,418억원으로, 공연 시설 총 지출은 약 8,005억원, 공연 단체 총지출은 약 6,413억원에 달한

23) 정부와 지방자치단체의 공연예술 관련 예산(국비와 지방비) 및 기금(문예진흥기금, 지방문예진흥기금, 복권기금 등) 규모는 총 9,046억원으로 이 중 중앙정부와 지방자치단체에서 각각 1,666억원, 7,380억원을 지원함.

다. 공연 인력공연 단체의 창작인력(단원)을 제외한 공연 시설 및 공연 단체 종사자(지원 인력) 수는 총 15,868명으로, 그 가운데 공연 시설 종사자 수는 9,371명, 공연 단체 종사자수는 6,497명이다.

[표 4-42] 연간 공연 실적

구분	공연시설		
	계	기획공연	대관공연
공연 건수	42,055	5,853	36,202
공연 일수	104,209	46,375	57,834
공연 횟수	123,294	53,396	69,898

자료 : [표 2-1]과 동일.

[표 4-43] 공연 관객 현황

구분	공연시설(공연장)		
	소계	기획공연	대관공연
유료 관객	15,751,822(54.2)	3,393,075(37.5)	12,358,780(61.8)
무료 관객	13,294,372(48.8)	5,655,126(62.5)	7,639,246(38.2)
전체	29,046,227(100.0)	9,048,201(100.0)	19,998,026(100.0)

자료 : [표 2-1]과 동일.

[표 4-44] 공연 기관 종사자 현황

(단위 : 명, %)

구분	전체	공연 시설	공연 단체(지원 인력)
정규직	11,418	7,353(78.5)	4,065(62.6)
비정규직	4,450	2,018(21.5)	2,432(37.4)
전체	15,868	9,371(100.0)	6,497(100.0)

자료 : [표 2-1]과 동일.

4) 주요 과제 및 전망

공연예술 시장의 확대를 위해 정부는 공연티켓의 일정액을 정부지원금으로 보조하는 간접지원정책인 사랑티켓제도, 저소득층 주민, 장애인, 노인 등 사회취약계층에 관람비용을 전액 지원하는 문화바우처 사업 등을 시행하였다. 그러나 공연예술 시장의 확대를 위해서는 무엇보다도 두터운 관객층의 형성이 선결과제이다. 일반시민, 청소년, 소외 계층 구분 없이 누구에게나 공연 예술을 향유할 기회를 제공하여 미래 관객으로 유도하고, 문화복지 실현의 기반을 조성하기 위해 '고궁음야회', '소외지역을 찾아가는 문화향수 프로그램 지원' 등을 운영하고 있다. 또한, 시・군・구별로 대표적인 상설 공연을 개발・운영하도록 화여 공연예술이 생활예술로 승화되어 직접 참여하고 향유하는 공연둔화가 조성되도록 하고 있다.

관객의 공연 관람을 유도하가 위해 공연티켓의 일정액을 정부지원금으로 보조하는 간접지원정책으로 1991년부터 사랑티켓제도를 시행하였으며, 2005년 8월 1일부터는 서울을 시범운영지역으로 선정하여 쿠폰형태의 사랑티켓을 폐지하고 회원제에 기반한 관람가격 할인 방식으로 전환하였다. 아울러 저소득층 주민, 장애인, 노인 등 사회 취약계층에 관람비용을 전액 지원하는 문화바우처 사업에 2005~2006년 30억원을 지원하였다.

향후 공연예술은 주5일 근무제의 정착, 고령화 사회진입, 선진국형 산업구조로의 개편 등으로 여가문화가 중시되고, 문화수요가 학습, 참여위주로 전환되면서 국민정서 함양, 창의력 개발, 국가 이미지 제고 등 공연예술의 공공성에 대한 공감대가 확산될 것이다. 또한 지방자치제의 정착으로 지역 홍보 및 경제 활성화를 위해 공연예술축제를 적극 활용하는 등 지역공연예술에 대한 수요증가로 전반적인 공연예술에 대한 수요는 증가될 것이다. 뿐만 아니라 연극의 영화화, 영화의 뮤지컬화 등 문화산업과 공연예술의 쌍방향 교류의 확대로 상호의존성이 커져 공연 시장의 규모 확대와 본격적인 산업화를 촉진시킬 것이다.

참고 1 – 미운오리 '학생티켓' 백조가 되다

학생 청중들은 객석 3~4층 구석에 앉아 멀찍이서 무대를 볼 수밖에 없어 불만이고, 공연 주최측은 정작 돈이 안 된다고 불평하고…. 지금까지 한국 공연장에서 학생티켓은 일종의 '계륵(鷄肋)' 같은 존재였다. 하지만 최근 '학생청중'을 겨냥한 공격적

마케팅이 활기를 띠고 있다.

세종문화회관에서 열리는 로테르담 필하모닉 오케스트라 내한 공연 때는 B · C석의 남은 티켓에 대해 공연 시작 1시간 전부터 초등생부터 대학생까지 모두 50% 할인 가격에 판매한다. B석(6만6000원)과 C석(4만4000원)에 남은 자리가 있을 경우, 절반 가격인 3만3000원과 2만2000원에 구입할 수 있는 것이다. 뉴욕 메트로폴리탄 오페라 극장에서 공연 당일 오전부터 29세 이하 학생들에게 25~35달러 가량으로 할인 판매하는 세도 등을 참조한 것이다. 로테르담 필하모닉의 공연 주최측은 B, C석에 남은 좌석이 있을 경우, 공연 시작 1시간 전부터 학생들에게 50% 할인 판매한다. 공연 주최측으로서는 빈 자리를 남겨두지 않고 객석 점유율을 높이는 동시에 미래의 관객인 학생층을 확보하면서 '두 마리 토끼'를 잡는 효과가 있다.

국립오페라단 역시 예술의전당에서 공연하는 오페라 《에프게니 오네긴》의 학생티켓(초등생~대학생)을 40%까지 할인해준다. 서울시향 상임작곡가 진은숙씨가 진행하고 있는 〈아르스 노바〉시리즈(13일 LG아트센터, 15일 세종체임버홀)와 TIMF 앙상블의 작곡가 시리즈 등 흔히 낯설고 까다로운 것으로 인식되는 현대 음악 콘서트도 학생티켓을 20~50%까지 할인해주고 있다. 작곡 전공생을 비롯해 젊은 청중들이 현대 음악에 쉽게 다가가도록 하자는 의도다.

장기적으로 음악 저변층을 확대하기 위한 바람직한 시도라며 "공연장이나 예술 단체에서도 학생티켓의 좌석 숫자나 등급, 판매 시간 등에 대해 구체적인 기준을 마련할 필요가 있다".

〈김성현, 조선일보, 2008.6.1〉

참고 2 – 투어테인먼트: 특급호텔 공연시장

주요 호텔들이 숙박과 공연을 함께 즐길 수 있는 '투어테인먼트' 상품을 잇달아 내놓고 있다. 연말 디너쇼를 공연 기획사에 대관 형식으로 맡기던 예년과 달리 올 들어서는 해외 콘텐츠를 수입하는 등 공연에 직접 뛰어들고 있다. 이전에는 내국인을 상대로 어버이날이나 크리스마스 패키지를 선보이는 데에 그쳤지만 최근 환율 급등으로 외국인이 몰려들자 이들을 대상으로 한 공연을 처음부터 기획하고 나선 것이다.

연간 방문객 4000만명에 달하는 라스베이거스의 성공이 화려한 쇼와 쇼핑 · 엔터테인먼트에 힘입은 것처럼 국내 호텔업계도 이 같은 트렌드에 맞춰 외국인 관광객을 상대로 한 문화 콘텐츠 서비스에 열을 올리고 있다. 특히 서울 워커힐 호텔과 그랜드 힐튼 등은 라스베이거스와 호주의 대형 인기 공연들을 연이어 들여오고 있다.

서울 그랜드 힐튼 호텔은 라스베이거스에서 가져온 25억원짜리 '페이머스 아티스트쇼'를 무대에 올린다. 이 공연은 마돈나와 엘비스 프레슬리, 비틀즈, 마이클 잭슨 등 닮은 꼴 배우들의 재현쇼로 추억의 팝송부터 최신 히트곡까지 함께 들을 수 있다. 외국인 관광객 뿐만 아니라 국내의 가족 관객들까지 겨냥해 기획했다. 그랜드 힐튼은 외국인 관광객들을 적극적으로 유치하기 위해 아예 하나투어와 손잡고 이 공연이 들어있는 패키지 상품을 일본 관광객들에게 팔고 있다. 쉐라톤 그랜드 워커힐 호텔은 30억원을 들여 리모델링한 700석 규모의 '워커힐 씨어터'를 재개관했다. 이 공연장에 50억원을 투입해 호주 디온 앤 랜달 프러덕션의 '집시문'을 들여왔다. 무기한 공연하는 '집시문'은 달이 뜨는 밤 집시 여왕과 함께 떠나는 환상 여행을 줄거리로 한 작품.프랑스 정통 마임에서 남성 군무, 오토바이 곡예 등이 돋보인다.'집시문'공연 전에 부채춤, 사물놀이 같은 한국 전통 공연 무대도 마련했다.

부산 롯데 호텔은 외국인보다 국내 관광객 유치에 더 신경을 쓰고 있다. 따라서 외국 공연을 들여오기보다 서울에서 인기있는 공연들을 유치하는 데 주력하고 있다. 지난 7월부터는 서울 관객들을 위해 공연과 숙박 프로그램을 연계하고 가격도 45%가량 할인해 주는 패키지를 내놨다.

〈박신영, 한국경제신문, 2008.12.23〉

참고 3 - 난타 관람객 400만명 돌파

11년째 장기 공연 중인 '난타'가 관람객 400만 명 돌파 기록을 세웠다.현재 서울과 제주도에 총 3곳의 전용관을 운영하고 있는 '난타'는 전용관에서 230만명의 관객을 유치했고, 뉴욕 브로드웨이 공연을 포함한 해외에서 80만명, 지방 공연에서 90만명의 관객을 불러모아 400만명의 기록을 달성했다.'난타'는 지금까지 전 세계 27개국 212개 도시에서 공연되면서 한국의 대표적인 공연으로 자리잡았다.2004년에는 국내 공연 최초로 뉴욕 전용관을 마련, 1년6개월여간 공연했고, 작년에는 일본 중학교 2, 3학년 학생이 사용하는 음악교과서에 소개되기도 했다.지난 4월에는 제주도에 상설 공연장을 열고 제주도를 찾는 관광객들을 끌어모으고 있다.'난타'를 기획한 송승환 대표는 "많은 분들의 도움으로 여러가지 기록을 세우면서 여기까지 왔다"며 "하지만 지금이 또 다른 시작이라고 생각하고 500만, 600만 관객이 들어 올 수 있도록 더욱 노력하겠다"고 밝혔다.

〈김희선, 연합뉴스, 2008.6.26〉

참고 4 - 아동 뮤지컬 토마스와 친구들 중에서

2003년 첫 출간 후 지금까지 850만부 이상 팔리면서 우리나라에 어린이 한자교육 열풍을 일으킨 한자학습만화책 '마법천자문'이 뮤지컬로 각색되어 공연 중이다. 이미 캐릭터를 활용한 음료 개발, 코엑스에서 열린 영상체험전에 이어 뮤지컬이라는 새로운 부가가치를 창출한 전형적인 문화 상품이라고 볼 수 있다. 이 뮤지컬은 중소형 극장에서 열리던 여타의 아동 뮤지컬과는 달리 대극장에서 무대 메커니즘을 도입해 이루어져서 눈길을 끌었다. 책으로는 총 15권에 달하는 판타지 스토리가 무대에서는 5장으로 압축되었고, 주요 한자들은 오토메이션을 도입한 무대 전환과 크고 작은 소품 활용, 한자의 뜻에 걸맞은 조명과 음향 효과 등으로 채웠다. 대극장에서 열리는 아동 뮤지컬은 커진 규모에 비해 늘어난 제작비와 높아진 티켓 가격 때문에 종종 상업화 논란에 시달린다. 하지만 대극장에서 시도되는 뮤지컬은 미덕이 있다. 먼저 내용으로는 많은 관객들에게 인지도가 높은 킬러 콘텐츠만이 그 자리에 설 수 있다.

미국의 '세서미 스트리트'나 '블루 클루'처럼 공중파에서도 방영돼 인기가 높은 캐릭터들을 각색한 동명의 뮤지컬들은 모두 6900석 규모의 미국 최대 극장인 라디오 시티뮤직홀에서 정기적으로 공연을 갖고 있다. 역설적으로 대극장을 채울 수 있는 작품이 등장하기 위해서는 충성도가 높은 원작이 있어야만 가능하기 때문이다. 또 형식적으로는 대극장 작품은 어린 관객들에게 미래의 공연 소비자로서의 예행 연습을 가능하게 한다. 대극장의 큰 무대, 복층으로 이루어진 객석 구조, 넓은 로비에서 벌어지는 갖가지 이벤트들에 대한 아날로그적인 체험은 공연 에티켓은 물론이고 공연장에 가는 행위가 성년이 되어서도 지속될 수 있는 기본 소양을 쌓게 해주는 것이다. 일본 최대의 극단인 '시키'가 매년 아동들에게 무료로 자사의 레퍼토리 공연들을 관람하게 하는 이벤트를 벌이고 있는 이유는 이들이 미래의 주요 고객으로 성장할 것이라는 깊은 믿음이 있기 때문에 가능한 것이다. 제작 면에서도 대형화된 아동 뮤지컬의 기술적인 난이도가 성인 뮤지컬 수준에 비해 결코 떨어지지 않고 무대 위의 매직을 구현해야 하는 속성을 가진 판타지 블록버스터를 지향한다는 점에서 오히려 더 복잡한 경우가 많기 때문에 반드시 베테랑들이 참여해야 한다. 하지만 대형 아동뮤지컬의 제작은 기술 인력에 대한 안전한 고용 창출은 물론이고 개선된 장치들을 선보이는 역할도 담당한다.〈조용신, 한국경제신문, 2008.2.23〉

참고 5 – 무비컬의 경제학과 신뢰의 사회

무비컬(Movical)은 영화(Movie)를 뮤지컬(Musical)로 만든 이른바 영화 뮤지컬이다. 미국에서 뮤지컬 '미녀와 야수'와 '라이온 킹', '프로듀서스', '헤어스프레이' '금발이 너무해' '빌리 엘리어트', '토요일 밤의 열기' 등은 애니메이션 등과 실사 영화를 원작으로 한 무비컬로 성공했다. 한국 공연계에서는 불황시대에 남은 마지막 황금이 묻혀 있는 엘도라도인 듯 여겨지고 있다. 영화 '라디오스타', '미녀는 괴로워', '즐거운 인생', '파이란', '달콤, 살벌한 연인'등은 뮤지컬로 선을 보였다. 앞으로 영화 '아내가 결혼했다', '미인도', '과속스캔들', '비스티 보이즈', '주유소 습격사건'등이 뮤지컬로 선보일 예정이다. 하지만 '내마음의 풍금', '싱글즈' 정도만 작품성과 대중성을 인정받았을 뿐 평가를 받을만한 작품이 없는 것으로 여겨지고 있다. 무비컬은 원 소스 멀티 유스 차원에서 부가가치 다각화의 일환으로 유행을 타고 있다. 이는 문화경제학 관점에서 타당한지 모른다. 일단 대중적 인지도를 가진 작품을 무대에 올리면 위험을 최소화할 수 있다. 처음부터 위험기피적인 성향이 강한 한국 관객들에게 비용 대비 홍보 효과를 누릴 수 있기 때문이다. 더구나 한국 공연계에서는 시장 집중성이 강하기에 초기에 얼마나 많은 관객들을 모으는가가 중요하기 때문에 관객이 사전에 인지하고 있다는 점은 매우 중요하다.

그런데 역설적인 현상이 벌어지고 있다. 영화계가 위기인 상황이며 작품이 별로 없는 상황에서 웬만하면 뮤지컬로 제작된다는 점이다. 즉 별로 대중적으로 각인되지 않은 작품들로 뮤지컬이 제작되고 있다. 이는 곧 무비컬의 흥행이 그렇게 밝게 보이지 않는 징조다. 대박 수익이 난다라는 앨도라도의 심리가 무분별함을 낳는 것으로 보이기 때문이다. 여기에 반복적으로 우려되는 것은 열악한 뮤지컬 토대에서 급조되고 있는 상황이다.

앨도라도에 몰려드는 이들은 정말 다양하고도 천차만별이다. 부정적으로 이야기하면 막장 인생들이 마지막으로 달려드는 곳이 바로 골드 러시였다. 한국의 예술문화계는 이러한 측면이 농후하다. 즉 돈이 된다고 하면 한꺼번에 몰려들어 먹고 튀는 현상(먹튀) 현상이 벌어진다. 여기에 정말 좋은 작품을 만들수있는 이들인지는 중요하지 않게 된다.

마찬가지로 비전문가들이 뮤지컬이 돈이 된다고 하니 몰려들어 공연을 해먹고 튀는 현상이 반복되는 것이다. 뮤지컬을 본격적으로 제작해 본 적이 없는 사람이 뮤지컬을 만든다. 예컨대 콘서트를 기획하던 연출자가 무비컬을 맡는가 하면, 다른 음악회 행사를 맡던 음악 감독이 참여하는 것도 마찬가지다. 단순히 대중적 인지도가 있다는 이유로 음악적 혹은 연극적 역량에 관계없이 무비컬의 주인공으로 캐스팅한다. 단순히 노래만 부를 줄만 알면 뮤지컬 코러스나 조연으로 기용하는 일이 비일비재해졌다. 열악한 무비컬 공연 토대에서 벌어지고 있는 일들이다.

대중들이 무비컬을 보는 이유는 원작의 감동을 다시금 재음미 하면서 다른 욕망의 충족을 동시에 기대하기 때문이다. 그러나 현재의 무비컬은 단순히 원작의 고갈과 위험회피를 통한 수입 올리기에 치중하고 있다. 원작을 뛰어넘는 재창작을 기대하기는 것이 무리인 상황이다. 작품에 대한 재창작의 고민보다는 엉뚱한 곳에 신경을 더 쓰고 있는 모양새다. 무대 디자인과 의상은 엉망인 상태를 보면 그많은 돈을 어디에 사용했는지 의문을 들게 만든다. 결국에 대중들은 홍보비에 많은 돈을 썼다고 생각한다. 그것은 관객들의 돈이다.

뮤지컬에서 제일 중요한 것은 아무래도 음악이다. 그러나 음악에 대한 전문가 즉 역량이나 성찰 감식안이 없는 콘텐츠들이 중심을 차지하고 있다. 가사와 작곡 수준뿐만 아니라 노래가 작품의 전체 맥락과 관계없이 배치된다. 그래서 원작인 영화 OST 빼고는 기억에 남는 게 없는 것이 무비컬이라는 인식이 확산되고 있다. 결국에는 영화의 OST를 다시 들으러 간 셈이 된다. 무비컬은 영화와 뮤지컬을 결합시켜서 뮤지컬에 대한 저변을 넓일 수 있다. 또한 뮤지컬 속 음악을 통해 음악에 대한 기호의 폭과 깊이도 넓히는 일종의 '게이트 효과(문간효과)'를 불러올 수 있을 것이다. 일반 대중에게 익숙한 대중적인 상업영화를 토대로 뮤지컬을 만들기에 평소에 뮤지컬을 보지 않는 이들도 원작 때문에 공연관람을 할 수 있기 때문이다. 그렇기 때문에 거꾸로 잘 만들어야 한다. 무비컬에서는 더욱 음악적 요소가 중요하지만 정작 음악이 소외되고 정교화 되지 않는다면 대중적으로 크게 문제를 낳기만 할 것이다. 예컨대 한국의 대중음악 수준을 낮게 만드는데 지금의 무비컬이 한몫 톡톡하게 하고 있다.

이처럼 무비컬이 대세가 된 이유는 창작뮤지컬에 비해 상대적으로 투자 유치가 쉽기 때문이다. 영화를 통해 이미 스토리와 흥행성이 검증된 만큼 인지도가 높아 위험부

담이 적다. 게다가 영화 속 장면이 무대에서 어떻게 발현될지에 대한 기대감도 작용한다. 영화계가 '원 소스 멀티 유스'를 통해 불황을 타개할 방법으로 주목받고 있다.

그러나 무비컬을 바라보는 뮤지컬계의 시선은 그리 곱지만은 않다. 원작의 재해석이 두드러지지 않고 아직까지 원작을 그대로 재현한 단계에 머물러 있다는 지적이다. 이를 위해 뮤지컬의 또다른 매력포인트인 음악이 더 분명하게 도드라져야 한다는 것이다. 또 시·공간 제약이 없는 영화를 무대로 옮기면 이야기의 흐름이 끊기기도 하고, 영화의 카메라 워크를 따라가지 못하는 경우도 있다. 따라서 아무리 흥행 영화라고 하더라도 영상미와 이야기의 서사성을 감안해 뮤지컬로 만들어져야 할 것이다.

영화의 뮤지컬화에 이어 내년에는 인기 소설들의 뮤지컬화가 이뤄진다. 드라마로 제작됐던 정이현의 소설 '달콤한 나의 도시'가 뮤지컬로 각색돼 내년 5월 말께 선보일 예정이다. 지난해 출간되자마자 베스트셀러에 올랐던 김훈의 장편소설 '남한산성'과 김영하의 '퀴즈쇼'가 뮤지컬로 만들어진다. 또 핀란드 소설가 아르토 파실린나의 '기발한 자살여행'도 뮤지컬로 옮겨진다.〈박준범, 한국경제신문, 2008.12.14〉

참고 6 – 드라마와 뮤지컬이 만나다 ; 드라컬

'무비컬'에 이어 '드라컬'(Drama+Musical)의 탄생이 예고되고 있다. 〈라디오스타〉, 〈댄서의 순정〉, 〈싱글즈〉, 〈내 마음의 풍금〉 등 영화를 바탕으로 한 뮤지컬인 '무비컬' 제작이 활발하게 이뤄지고 있는 가운데 드라마를 바탕으로 한 뮤지컬 제작 역시 서서히 기지개를 켜고 있다. MBC가 '드라컬' 제작에 가장 먼저 나섰다. MBC는 지난해 드라마 〈대장금〉을 뮤지컬로 제작한 데 이어 시트콤 〈안녕, 프란체스카〉를 뮤지컬로 제작해 12일 공연을 시작한다. 방송사가 뮤지컬에 대한 투자에서 한발 더 나아가 직접 '제작'에까지 뛰어들고 있는 것이다. 특히 자사 콘텐츠를 활용하고 있는 점이 눈에 띈다. 원소스 멀티유즈(One source multiuse)의 하나다. 이러한 분위기에는 최근 급성장하고 있는 뮤지컬 시장의 흐름도 반영됐다. SBS 역시 지난해 창작 뮤지컬 〈댄싱 섀도우〉를 신시 뮤지컬 컴퍼니 등과 함께 공동으로 주최한 바 있다. SBS는 뮤지컬에 대한 '투자'도 활발하게 하고 있다. SBS는 올해 높은 흥행 성적을 기록한 뮤지컬 〈시카고〉뿐 아니라 국내 창작 뮤지컬 〈명성황후〉와 영화로 개봉해 인기를 끌고 현재 뮤지컬 제작을 준비 중인 〈미녀는 괴로워〉에 대한 투자를 계획하고 있다. 그러나 SBS는 아직까지 MBC처럼 드라마 등 자사 콘텐츠를 바탕으로 하는 뮤지컬 제작에 직접 나서지는 않고 있다. 드라마나 영화를 뮤지컬로 만들어 성공한 사례가 많지 않고, 비용도 많이 들어가기 때문에 드라마를 뮤지컬로 직접 제작하는 부분에 대해서는 조심스럽게 접근하고 있다. 공기업인 KBS의 경우엔 공동 주최나 후원의 형태로 뮤지컬에 간접적으로 참여하고 있다. KBS는 최근 뮤지컬 〈진짜 진짜 좋아해〉를 비롯해 〈마이 페어 레이디〉 등을 주최한 바 있다. 이처럼 방송사들의 뮤지컬 시장 진출에 대해 원종원 순천향대 신문방송학과 교수는 "우리나라 드라마의 경우는 이미 흥행성이나 작품성이 검증된 콘텐츠가 많이 있어 최근 그런 것을 무대화하는 것에 대한 수요가 많이 등장하고 있다"며 "과거 〈레미제라블〉 같은 소설을 원소스로 해 뮤지컬을 만들었다면 최근에는 영화, 드라마 등 영상 콘텐츠를 무대화하는 시도가 세계적으로 많이 이뤄지고 있다"고 설명했다.

콘텐츠가 한 번 만들어지면 그 생명력 자체는 여러 가지 형태로 변화되고 극화되는 경우가 있다. "특히 영상물이 무대 콘텐츠로 변화됐을 때 새로운 것을 창출하는 데 용이하다. 영상과 무대의 문법 자체가 완전히 다르기 때문에 영상물을 무대화할 경우 익숙하면서도 새로운 예술적 체험을 할 수 있다는 설명이다.

참고 7 – 관객이 원하는 만큼 돈 내고 공연 본다

의정부예술의전당은 '희망 티켓-행복 스폰서'를 마련, 관객이 희망하는 비용을 지불하고 공연을 관람할 수 있는 프로그램을 진행한다.

희망티켓은 천원부터 만원까지 관객이 원하는 만큼의 비용을 지불하고 공연을 관람할 수 있는 티켓. 관람 후 공연에 대한 만족도에 따라 '행복 스폰서' 모금함에 추가 비용을 기부하면 그 비용으로 문화적 혜택을 많이 받지 못한 소외 계층에게 공연티켓을 구입해 제공한다.

값비싼 공연 티켓이 잇따라 나오고, 관객은 그 가격에 따를 수밖에 없지만 '희망티켓'은 수요자인 관객이 가격을 정하는 역발상 마케팅 방법으로, 관객들의 참여와 감동을 키울 수 있을 것으로 기대를 모은다

희망티켓으로 관람할 수 있는 공연은 4월 '천상병 예술제', 5월 '의정부국제음악극축제', 8월 '창무국제예술제' 참가작, 10월 '신나는 국악여행', 12월 '송년음악회' 등 7작품이다.

〈노컷뉴스, 2009.3.20〉

13 디자인 산업

1) 현황

디자인은 문화를 창조하는 중요한 활동이며, 문명화된 오늘날의 삶에서 환경을 구성하는 여러 다양한 인공물들이 어떠한 모습으로 존재해야하는가를 결정한다. 디자인은 자동차나 컴퓨터와 TV나 냉장고와 같은 산업 제품만을 그 대상으로 하는 것이 아니다. 국가의 이미지나 많은 사람들이 보고 즐기는 영화와 게임, 애니메이션과 같은 비물질적인 영역까지를 그 대상으로 포함하는 중요한 문화적 토대인 것이다. 따라서 문화산업을 발전시키는데 있어 필요한 것은 바로 창조성과 창조적 아이디어를 경험 가능한 것으로 만드는 능력인 디자인의 육성, 발전이 필수적이다.

[표 4-45] 디자인산업의 매출액

구분	디자인 전문기업	디자인 업무 발생 일반기업
업체 평균 매출	5억8,265만원	1억4,874만원
업체 수	2,245개	38,384개
매출액	1조2,080억원	5조7,092억원

자료 : [표 2-1]과 동일.

디자인산업의 매출액은 디자인 전문기업의 매출액 약 1조3,080억원, 디자인 업무를 발생시키는 일반기업의 디자인 매출액 약 5조7,902억원으로 약 7조200억원에 달하며, 전문기업의 업체 수는 총 2,245개, 디자인 업무를 발생시키는 일반기업의 수는 총 38,384개이다. 인력은 디자인 전문기업 전체 디자이너 수는 8,509명, 일반기업 전체 디자이너 수는 103,172명으로 총 111,681명에 달한다.

[표 4-46] 디자인 업체 수

구분	디자인 전문기업	일반기업
디자인 인력 보유 업체 수	2,245	24,333(14.2)
디자인 업무 발생 업체 수		38,384(22.4)

자료 : [표 2-1]과 동일.

[표 4-47] 디자인 규모

구분	디자인 전문기업의 디자이너 수	디자인 업무 발생 일반기업의 디자이너 수
업체 평균	3.79	4.24
인력규모 추정	8,509	103,172

자료 : [표 2-1]과 동일.

2) 과제

정부는 디자인의 문화적 인프라를 구축하는데 초점을 두고 공공디자인 확산, 디자인 교육, 한국적 디자인 연구 등의 디자인 문화정책을 더욱 강화하여 문화적 디자인을 바탕으로 한 디자인 강국으로의 도약을 준비하고 있다. 또한 디자인이 단순히 제품 혹은 공간의 심미적·기능적 개선을 위한 것이 아니라 개인의 정체성을 표현하는 필수적 요소로 여겨지기 시작하면서 디자인 문화의 중요성이 더욱 부각되고 있다. 우리나라는 지금까지는 국외 시장을 겨냥한 수출 미술의 정책기조를 통해 디자인산업이 성장해왔다. 그러나 디자인 강국으로 도약하기 위해서는 디자인이 문화생산의 핵심적 과정으로 인식되어야 하며, 창의적 디자인을 위한 문화적 토대가 강화되어야 한다.

참고 1 – 디자인의 힘! 경제를 살리다

이탈리아 토리노와 독일의 베를린은 '공공디자인'의 힘이 얼마나 강한지를 보여주는 곳이다. 두 도시는 공공디자인을 통해 침체된 지역의 산업을 부활시키고 비무장지대를 세계적인 산업의 중심지로 변모시켰다. 토리노는 1980년대 후반 지역 균형발전의 일환으로 자동차산업을 타 지역으로 옮기면서 도시가 쇠락의 길로 접어들었지만 부숴야할 건물을 공공디자인을 통해 도심 명물로 재탄생시켰다. 베를린은 통일 전 베를린 장벽이 있던 비무장지대를 주거 상업 문화가 어우러진 신도시로 개발해 경제의 중심지로 발돋움시켰다. 두 도시 모두가 도시 전경에 디자인을 접목함으로써 이뤄낸 결과다.

이탈리아는 통일 150주년을 맞는 2011년까지 1차 완공을 목표로 11개 지역에서 공공디자인 개선사업을 벌이고 있다. 특히 올해 WDC(World Design Capital)로 선정된 토리노시는 더욱 적극적이다. 토리노는 시 전역에서 건물 전체에 대한 개조에서부터 가로등에 자전거 주차장치를 부착하는 것까지 공공디자인 개선사업을 펴고 있다. 1993년부터 2006년까지 이미 약 75억유로(약 12조원)를 투입했고 내년부터 2011년까지 추가로 5억유로(8000억원)를 투자한다. 토리노가 이같이 공공디자인 개선사업에 집중하는 이유는 뭘까. 지역산업 쇠퇴에 대한 대안을 공공디자인에서 찾았기 때문이다. 1980년대 후반 지역균형발전의 일환으로 자동차산업이 타 지역으로 옮겨가면서 도시는 쇠락의 길로 접어들었다. WDC 운영본부장인 파올라 지니는 "자동차 산업의 이전은 사업 목적의 방문객이 줄어들면서 지역 경제의 후퇴를 가져왔다"고 설명했다. 돌파구를 찾던 토리노 시 정부는 1990년대 초 오랜 건물을 활용해 관광도시로 탈바꿈시킨다는 전략 아래 도시 디자인을 변경하기 시작했다. 공업역사를 증언하는 전통 건물의 외관은 그대로 보존하면서 내부를 개조하는 방식을 적용했다. 특히 피아트자동차 공장건물을 쇼핑센터와 공연장 및 공원으로 바꾼 '링고토(Lingotto.상자)'가 대표적이다. 그 결과 1996년부터 2006년까지 토리노를 찾은 관광객은 연 평균 60%씩 증가했다.

이는 토리노가 속해 있는 피에몬테주의 경제도 같이 성장했다. 도심디자인센터의 파울로 베리 감독은 "피에몬테주 전체 산업의 생산능력이 약 10% 늘어났다"며 "제조업이 침체되더라도 디자인 문화산업 등을 통해 경제기반을 튼튼히 하는 힘은 공공디자인"이라고 강조했다.

옛 동독의 수도였던 동베를린 시내 중심지에는 신도시 포츠다머 플라츠에는 높이 100m가 넘는 빌딩 두 개가 마주보고 서 있다. 왼쪽에는 다임러-크라이슬러사가 세운 산업, 문화 복합공간의 크라이슬러 타운이 있고, 오른쪽에는 독일철도청(DB) 건물을 둘러싼 복합공간인 소니센터가 자리잡고 있다. 이 일대는 1989년 독일 통일 전에는 베를린 장벽이 있던 비무장지대였다. 베를린 주 정부는 51만㎡ 규모의 비무장지대 일대를 어떻게 개발할 것인가를 놓고 도시디자인 전문가들과 3년간의 지루한 논의 끝에 23만㎡의 부지에 주거와 업무가 가능한 복합기능 신도시를 세우기로 했다. 포츠다머 플라츠에는 지금도 공원과 문화시설이 조성되는 등 공공디자인 개선작업이 이뤄지고 있다. 2005년 완공 때까지 15년간 포츠다머 플라츠 신도시 개발에 54억 3000억유로(약 7조4800억원)가 투입됐다.

도시 디자인 계획을 세울 때 투자자들은 업무시설만을 고집했지만 주 정부는 업무 50%, 상업 20%, 주거 20%, 문화 10%로 도시기능을 배분했다. 시 관계자는 "이는 다목적으로 도시를 이용할 수 있어야 관광 문화산업이 연계해 발전하기 때문"이라고 설명했다. 시는 건축 고도제한인 높이 35m를 풀어주고 용적률도 300%에서 500%까지 완화해 주는 등 기업의 요구를 어느 정도 들어주면서 투자를 이끌어냈다. 그 결과 벤츠 소니 등 세계적인 기업들이 유럽본부를 이전해왔고 이는 일자리 창출로 이어졌다. 베를린시는 베를린 국제영화제를 2003년부터 포츠다머 플라츠로 옮겨 개최하는 등 이곳을 문화도시로 바꾸려는 방안을 모색하고 있다.

〈임기훈, 한국경제신문, 2008.7.16〉

참고 2 – 친환경 '신(新)랜드마크'가 낡은 도시 살린다

지난 1997년 영국 밀레니엄 재단으로부터 4000만 파운드를 지원받아 재개발한다는 소식에 주민들이 환호했지만, 디즈니랜드 같은 유명 놀이 시설이 아닌 식물 정원을 만든다는 발표에 시위가 벌어졌다. 하지만 그들의 실험은 옳았다. 지난 2000년 개관한 이래 950만 명 이상이 다녀가며 영국 전체에서 5위 안에 드는 관광지로 꼽힌 것이다. 프로젝트 매니저 엘든 존스턴은 "이름이 왜 에덴이겠냐"며 "주변 지구까지 합쳐 현재 일자리만 약 4000개가 창출됐다"고 밝혔다. 영국에서 4대 낙후지역으로 꼽히던 이곳이 지금은 지역 경제를 젊어진 '낙원'이 된 것이다.

'낙원'을 지향하는 또 다른 곳이 있다. 런던 북동부 해크니(Hackney) 지역이다. 영국을 대표하는 브랜드인 버버리(Burberry) 팩토리 숍(factory shop · 할인매장)이 위치해 한국 사람들에게도 유명하지만, 런던에선 경제적으로 낙후된 곳으로 손꼽힌다. 2006년 영국 지상파 방송인 '채널 4' 조사 결과 영국 전체에서 가장 살기 나쁜 곳 1위, 런던 내 강도 사건 발생률 1위였던 악명 높은 곳이다.

그랬던 해크니 지역이 요즘 들떠 있다. 2012년 런던 올림픽 개최를 위해 런던시가 해크니를 포함한 동북부 지역을 올림픽 경기장과 공원, 주택 지역으로 재개발하고 있기 때문이다. 개발 계획은 켄 리빙스턴 런던 시장이 2002년부터 시작한 '공공 공간 100대 개발 프로젝트'와 어우러져 시너지 효과를 내고 있다. 이 프로젝트는 리빙스턴 시장이 건축가 리처드 로저스와 디자인 전문가인 피터 비숍 등 45명의 전문가를 모아 만든 '디자인 포 런던(Design for London)'에서 발표한 것으로, 낙후지역에 도서관을 짓거나 광장, 공원을 단장하는 등 100군데의 공공 공간을 새롭게 바꾸는 계획이다. 알리슨 니모(Nimmo) 런던 올림픽 디자인 개발 국장은 "스펀지에 물이 천천히

스며들며 퍼져가듯, 낙후된 지역에 랜드 마크를 하나씩 세워 주변 지역까지 자연스럽게 발전되는 방식을 택했다"고 말했다.

어디선가 가슴 속을 파고드는 재즈 선율이 들려왔다. 청록색의 조명이 한눈에 들어오는 새 건물이 눈에 띄었다. 해크니 달스톤의 질레트 스퀘어(Gillett Square · 질레트 광장)에 위치한 대표적인 문화공간인 '달스톤 컬처 하우스'(Dalston culture house)다.

런던 동부지역에 위치한 브릭 레인(Brick Lane) 지역은 양조장이 문을 닫은 뒤 재개발해 인기를 높인 곳으로 젊은 예술가들의 창조적인 에너지가 넘치는 곳이다. 노숙자와 주정뱅이, 마약 중독자들이 매일 자리다툼을 하며 토사물과 쓰레기로 더럽혔던 이곳이 '공공 공간 개발 프로젝트' 덕에 새 랜드 마크로 부상했다. 보텍스(Vortex) 재즈 클럽과 스페인 음식 전문 레스토랑이 들어섰으며 얼마 전엔 건물 앞 광장에서 재생 종이로 구조물을 만든 '페이퍼 하우스'라는 전시회도 열렸다. 크리스틴 로스캣 영국 무역투자청 고문은 "대표적인 우범지대라서 이곳을 찾기 두려워했지만 최근 들어 매력적인 코스로 알려지면서 런던 시내 사람들도 이곳을 찾기 시작했다"며 "예전엔 어깨만 닿아도 짜증내던 아프리카계 흑인과 전형적인 런던 백인, 인도 · 파키스탄인 등이 어울려 음악을 듣고, 광장에 모여 함께 나들이를 하는 모습을 어렵지 않게 볼 수 있다"고 전했다. 이 광장을 단장한 지 이제 1년 남짓이지만, 이미 영국 일간 가디언, 텔레그라프와 생활 문화지 타임 아웃 등을 화려하게 장식했다.

〈조선일보, 2008.4.22〉

14 미술산업

1) 그림, 문화 콘텐츠로 뜬다[24]

화가들의 작품이 새로운 문화 콘텐츠로 뜨고 있다. 그동안에는 소품 위주의 아트 상품을 미술관에서 판매하는게 고작이었지만 최근에는 작가의 이름을 붙인 스카프에서부터 시작해 공사장 가림막, 광고, 책표지, 의류, 달력 등으로 영역이 확산되고 있다. 예술 작품이 담긴 상품을 선호하는 20~30대 소비자, 이른바 '아티젠(Arty Generation)' 세대가 늘면서 일어난 현상이다. 화가들의 이름과 그림을 활용한 '작품 스카프'가 대표적인 케이스. 원로 작가 이종상씨를 비롯 김춘옥, 송수련, 이숙진, 우영숙, 정선진, 김일해, 강신덕씨 등 21명은 자신의 작품 이미지가 담긴 명품 스카프를 내놓았다.

화가의 그림이 영화, 드라마, 소설책과 만나는 경우도 있다. 서양화가 이수

24) 김경갑, 한국경제신문, 2007. 12. 3.

동씨는 드라마 '가을 동화'와 김기덕 감독의 14번째 영화 '숨'의 제목 글씨를 맡았으며, 영화 '포도나무를 베어라'(민병훈 감독)의 포스터 그림도 제작했다. 또한 작가의 작품이 공사장 가림막이나 빌딩 외벽으로 설치되기도 한다. 미국 뉴욕에서 활동 중인 설치미술가 강익중씨의 '광화문에 뜬 달'이 서울 광화문 복원 현장에 전면 가림막으로 설치됐다. 서울 한남동 일신빌딩 공사장은 '바코드 작가'로 불리는 양주혜씨의 작품, 논현동 제일생명 사거리의 테이크 어반 건축 현장은 일러스트 작가 최성희씨의 작품으로 장식돼 있다. 작가들의 그림이나 사진이 광고로 활용되는 '애드-아트(Advertising-Art · 예술 광고)'는 지난해 하나은행의 옥외 이미지 광고 '거리의 미술관'과 하나카드의 상품 광고 '둘이 하나카드'에 이어 최근엔 CJ홈쇼핑 광고에도 나오고 있다. 각각 이처럼 "작가들의 작품이 의류, 광고 등의 콘텐츠로 활용되면서 연간 1조원 규모의 부가가치가 생기고 1만~5만명 정도의 고용 창출 효과까지 낳고 있다.

2) 미술품 구입 3가지 방법[25)]

수요자가 미술품을 구입할 수 있는 방법은 크게 세 가지로 나눌 수 있다. 화랑이나 작가에게 직접 작품을 사거나 아트페어, 경매를 통해 구하는 방법이다. 작품을 구입하기 위해 어떤 방법을 선택해도 무방하지만 각기 장점과 단점을 가지고 있다.

(1) 경매

경매에 직접 참여하려면 미리 회원 가입을 하는 절차가 필요하지만 그렇지 않고 참관만을 원하는 경우에는 경매가 열리는 시간 경매장을 찾기만 하면 된다. 경매절차는 위탁, 감정, 가격협상, 전시, 경매로 구분된다. 경매를 통해 작품을 팔고자 하는 경우 소장자는 홈페이지 위탁신청이나 전화문의를 통해 담당자와 만나 작품의 위탁 가능 여부를 문의해야 한다. 위탁 작품이 낙찰되는 경우 수수료(10~15%)를 내야하며 경매에 위탁되는 작품에는 작품 낙찰 여부와 관계없이 별도의 출품료(점당 10만원)와 보험료(작품가액의 약 0.2%)가 들어간다. 작품을 사고 싶을 경우 회원으로 가입하는 것도 한 방법이다. 연회비

---

25) 한국경제신문, 2007. 8. 8일자.

(현재 연 10만원)를 납부하고 유료회원이 되면 연간 진행되는 경매 안내장과 도록을 무료로 받아볼 수 있으므로 이를 참고해 구매하고자 하는 작품이 경매에 올라있는지를 확인할 수 있다. 경매 당일 현장에 참석이 불가능한 경우는 전시 기간 중 전화응찰이나 서면응찰을 신청하면 경매회사 직원이 대리로 응찰해준다. 경매 당일 회원에게만 응찰자격이 부여된다. 작품을 낙찰받았다면 낙찰확인서에 사인하고 경매 후 1주일 내에 수수료(약 10%)를 포함한 금액을 납부하고 낙찰받은 작품을 찾아가면 된다.

(2) 화랑

화랑은 화실에서 바로 작품을 들고 와 관람객에게 직접 파는 1차시장이다. 화랑은 작가와 계약을 맺고 전시를 통해 판매한다. 화랑을 통해 팔린 작품은 그 값을 화랑과 작가가 나누어 가진다. 화랑은 어떤 그림이 얼마에 팔렸는지 공개하지 않는다. 화랑을 통해 그림을 살 때는 화랑이나 작가와 친분이 있는 사람이 더 좋은 정보를 얻을 수 있기 때문에 잘 알지 못하는 화랑에서 작품을 구입할 경우 신중해야 한다. 요즘처럼 자료가 풍부한 시대에 가격 조사는 필수 사항이다.

(3) 아트 페어

아트 페어의 목적은 화랑 간 작품 정보를 서로 교환하고 적극적인 작품 판매를 유도하는 것이다. 전 세계에서 매년 열리는 아트 페어는 100개가 넘는다. 아트 페어에 참여하면 다양한 작품을 한곳에서 감상하고 검증된 갤러리에서 작품을 살 수 있다는 장점이 있다. 특히 국제 아트 페어는 세계 곳곳의 컬렉터가 모이는 곳이다. 세계 주요 화랑이 내놓는 작품을 한자리에서 감상하고 많은 작가를 한번에 만날 수 있다.

3) 미술품 투자 10계명[26)]

그림을 투자목적으로 살 때는 미리 치밀한 계획을 세워야 실패할 확률이 적다. 특히 그림투자 초보자라면 원칙을 지키면서 효율적인 포트폴리오를 짠

---

26) 한국경제신문, 2007. 8. 8일자.

후 투자에 나서는 게 좋다.

첫째, 분산투자다. 미술투자도 주식거래와 비슷하다. 따라서 많지 않은 돈이라도 분산해서 투자하는 것이 바람직하다.

두 번째는 가치투자전략이다. 저평가된 우량 작가 작품을 매수한 후 가격이 오를 때까지 팔지 않고 참고 장기 보유하는 것이 유리하다.

셋째, 그림을 한 점이라도 직접 사 봐야 안 보이던 것이 보인다. 작품의 매매를 통해 미술품의 투자 자산으로서의 의미를 깨닫고 미술품을 이성적으로 대할 수 있기 때문이다.

넷째, 여유자금으로 사야 한다. 미술품 컬렉션은 단거리 경주가 아니라 마라톤이다. 무리하면 컬렉션이 즐거움이 아니라 짐이 되고 수익도 올릴 수 없다.

다섯째, 시장에 많이 유통되는 작품이라야 가격이 오른다. 작품가격이 형성되려면 거래가 지속적으로 이뤄지면서 컬렉터의 관심권에 있어야 한다.

여섯째, 경매가를 맹신하면 안 된다. 그보다는 가격변동 추이가 중요하다. 경매는 의외성이 강하기 때문에 경매 가격이 절대적인 기준은 될 수 없다. 경매가격은 작품의 질에 따른 가격의 차이를 공부할 수 있는 자료일 뿐이다.

일곱째, 작가는 작가가 더 잘 안다. 작가들 사이에서 높은 평가를 받는 작가 중에 좋은 작가가 있다. 미술계의 흐름을 리드하는 작가는 남고 따르는 작가는 사라진다.

여덟번째, 가격이 막 오르기 시작한 작품을 사는 것도 한 가지 방법이다. 시장의 흐름을 초기에 대처하는 것이 수익을 극대화할 수 있다.

아홉번째, 믿을 만한 곳에서 사야 한다. 좋은 작품은 화랑이건 경매회사건 공신력 있는 곳에 모인다.

마지막으로 자신의 취향이나 안목을 맹신하면 안 된다. 자신의 안목이나 컬렉션에 대한 칭찬보다는 비판에 귀를 기울여야 한다.

참고 1 – 작가지수, 작가의 이름값은 얼마?

미술이 투자의 대상으로 자리잡은 선진국에서는 이렇게 '작가들의 이름값'을 분석하는 기관이 한두 곳이 아니다. 미술시장 정보 웹사이트에 가서 작가 이름을 치면 온갖 수치와 그래프가 줄줄이 나온다. 중국에서는 서양화가 100명, 중국화가 400명에 대한 작품 가격 상승률을 주가지수처럼 지수로 만든다. 그래서 우량작가의 순서대로 줄을 좍 세울 수 있다.

최근 우리나라에서도 처음으로 작가의 '이름값'이 수치로 나왔다. 국내 최대의 미술품 경매회사인 서울옥션이 발표한 '작가지수'다. 이에 따르면 유화작품의 경우 제작연도와 크기가 똑같다고 가정했을 때 작가의 이름이 작품 가격에 미치는 영향을 수치로 계산하면 박수근이 430으로 가장 높고, 김환기 장욱진 도상봉 오지호 고영훈 이우환 권옥연 김흥수 이대원 남관 최영림 김창열 김종학이 차례로 그 뒤를 잇는다.

중국의 작가지수가 한 작가의 가격 상승률을 나타낸 것에 비해 우리의 작가지수는 인기 작가 사이의 상대적 우위를 비교하는 것이다. 서울옥션이 이 분석에 '헤도닉 가격모델'이라는 방법을 썼기 때문이다. 서울옥션 출범 다음 해인 1999년부터 작년까지 7년 동안 10번 이상 낙찰된 적이 있는 서양화가 15명의 작품 285점을 가지고, 가격에 영향을 주는 여러 요소 중 나머지를 똑같게 만든 뒤 한 가지 요소만 변화를 주어 가격이 어떻게 변하는지 보는 방법이다. 똑같은 연도에 똑같은 재료로 그린 똑같은 크기의 그림일 경우 누구 것이 누구 것보다 얼마나 비싼지 가늠해 볼 수 있는 것이다.

세계에서 제일 비싼 작가

(2004년 4월 기준)

순위	작가이름	국적
1	제스퍼 존스	미국
2	사이 톰블리	미국
3	로버트 라우센버그	미국
4	브라이스 미든	미국
5	브루스 나우먼	미국
6	게하르트 리히터	독일
7	루시앙 프로이드	영국
8	제프 쿤스	미국
9	리처드 세라	미국
10	프랭크 스텔라	미국

자료 : 아트뉴스

한국에서 제일 비싼 서양화가 15명

순위	작가	작가지수
1	박수근	430
2	김환기	192
3	장욱진	158
4	도상봉	100
5	오지호	75
6	고영훈	48
7	이우환	41
8	권옥연	35
9	김흥수	31
10	이대원	24
11	남관	22
12	최영림	18
13	김창열	18
14	김종학	9

자료 : 서울옥션
※ 작가지수 · 작가의 이름이 작품 가격에 미치는 영향

〈이규현, 조선일보〉

참고 2 – 아트페어는 국제적 '미술 5일장'

국제 아트페어(Art Fair)는 세계의 주요 갤러리들이 한곳에 모여 임시 부스를 차려

놓고 작품을 전시 · 판매하는 행사, 즉 '미술 5일장'이다. 하지만 전시의 목적이 순전히 판매에 있다는 점에서 비엔날레나 미술관 전시와 완전히 다르다.

아트페어는 세계의 미술 컬렉터가 모이는 곳이기도 하다. 컬렉터가 미국, 중국, 유럽, 한국 모두 돌아다니기는 어렵지만, 아트페어 하나에 가기는 쉽다. 미술애호가 입장에서는 각국 주요 화랑의 대표작을 한자리에서 쇼핑하고, 세계의 수많은 딜러와 작가를 한번에 직접 만날 수 있는 곳이 아트페어다.

컬렉터들은 좋은 작품이 나오는 아트페어만 골라서 다닌다. 당연히 주최 측은 화랑의 신청을 받고 심사를 해 팔릴 만한 좋은 화랑을 골라낸다. 그러니 좋은 아트페어일수록 심사가 엄격하다. 아트페어의 주최 측은 보통 참가 화랑에서 2000만~5000만원 정도 부스비를 받는다. 작품을 판 돈은 화랑이 모두 챙긴다.

아트페어는 장사하기 위해 세계의 화랑이 모이는 것이니 뉴욕, 런던, LA, 마이애미 등 경제가 발달하고 미술 애호가가 밀집한 곳에서 주로 열린다. 뉴욕의 아모리쇼, 마이애미의 바젤 아트페어, 독일의 쾰른 아트페어, 스페인의 아르코 아트페어 등이 세계적으로 유명하고 인정 받는 아트페어다. 요즘은 러시아에서 미술 컬렉터가 부상하면서 모스크바에서도 아트페어가 열리고 있다.

베이징과 상하이도 각각 2004년, 2003년부터 아트페어를 시작했다. 중국 현대미술의 인기와 가격이 치솟고 중국에 부자 컬렉터들이 많이 생기고 있으므로 당연한 현상이다. 특히 베이징은 요즘 세계 문화예술의 중심도시가 되고 있기 때문에, 각종 아트페어 역시 유행처럼 번지고 있다.

아트페어는 컬렉터들이 여행하기 좋은 봄 · 가을에 맞춰 집중적으로 열린다. 4~5월은 특히 아트페어 전성기다. 가장 최근에 있었던 국제 아트페어는 4월 12~16일에 있었던 '중국 국제 화랑박람회'(베이징 아트페어)였다. 17개국에서 온 갤러리 97개가 저마다 대표작을 내걸고 판매 경쟁을 했다. 이 페어는 1 · 2회 때만 해도 아시아국가 갤러리들이 주로 참가했지만, 3회를 맞는 올해는 미국, 독일, 프랑스, 스위스, 이탈리아, 스페인 등 서양국가에서도 빠짐없이 왔다. 작가들 입장에서는 아트페어에 작품이 걸리면 세계의 많은 관람객, 컬렉터, 큐레이터에게 선보일 수 있어 좋다. 유럽, 미국, 중국의 미술 전문가들이 우리나라로 직접 찾아오기는 어렵다. 하지만 우리가 아트페어에 나가면 한자리에서 여러 나라 미술인에게 한꺼번에 작가를 선보일 수 있다. 이렇게 해서 알려진 우리 작가가 종종 외국 주요 미술관에도 진출한다.

아트페어는 장사하는 곳이지만 100% 장사에만 혈안이 돼 있으면 컬렉터를 끌어들이기 어렵다. 특히 아트페어가 우후죽순 너무 많이 생기다 보니 품질도 높여야 하고, 다른 이벤트도 만들어야 한다. 그래서 현대미술의 다양한 주제를 놓고 심포지엄이나 강연을 하는 부대행사도 곁들여지곤 한다. 살아있는 현대미술과 미술시장을 움직이는 사람을 생생하게 볼 수 있는, 살아있는 미술현장이기 때문이다.

〈이규현 조선일보〉

참고 3 – 국내 생존작가 미술품 양도세 부과대상서 제외

개인의 미술품 과세 대상이 당초 정부안인 양도가액 4000만원 이상에서 6000만원 이상으로 상향 조정되고, 국내 생존 작가의 작품은 제외된다. 시행시기도 1년 늦춰

진 2011년으로 확정됐다. 국회 기획재정위는 이 같은 내용을 골자로 한 '서화 · 골동품에 대한 양도차익 과세' 수정안을 지난 5일 통과시켰다. 이에 따라 2011년 1월부터 6000만원 이상인 작품 거래시 양도차익이 발생할 경우 필요 경비를 제외한 금액의 20%를 자진 납부해야 한다. 과세 대상은 사망 작가의 회화, 드로잉, 조각, 비디오 영상설치 등 미술품과 제작된 지 100년이 넘은 골동품 등이 해당된다. 또 조상 대대로 물려 받은 애장품이나 선물받은 작품 등 취득가액이 불분명할 경우 제작된 지 10년이 안된 작품에 대해서는 양도가액의 80%, 10년이 넘은 작품은 90%를 각각 공제한 후 나머지 금액에 대해 20%의 양도세를 내야 한다. 다만 양도세는 소득세에 합산과세가 아닌 기타 소득으로 분리해 세금을 부과하기로 했다.

〈한국경제신문, 2008.12.8〉

참고 4 – 경복궁 옆 미술 벨트가 뜬다

서울 경복궁 옆 종로구 사간동~소격동~팔판동~가회동을 잇는 '미술 벨트'가 형성되고 있다. 미술품 경매회사 크리스티가 2006년 팔판동에 한국사무소를 낸 데 이어 대구 송아당 갤러리의 서울점, 공근혜갤러리, 갤러리상, 공간화랑, 갤러리아이캠, 리씨갤러리, 몽인아트센터, 한벽원갤러리, 스페이스 모빈, 아프리카미술관 등 화랑 미술관 20여 곳이 지난 1~2년 동안 들어섰다. 갤러리현대, 국제갤러리, 학고재화랑, 이화익갤러리 등 기존 대형 화랑을 포함해 이 일대에 자리잡은 미술관 화랑 경매회사는 60여곳에 이른다. 올 들어 10월까지 국내에서 유통된 미술품 약 3000억~4000억원 가운데 30% 정도가 이 일대에서 거래된 것으로 미술계는 추정하고 있다. 문화체육관광부가 옛 기무사터(국군서울지구병원)에 국립현대미술관 분관을 건립하는 방안을 추진하고 있어 이 같은 현상은 가속화될 것으로 보인다.

이처럼 경복궁 옆에 미술벨트가 형성되고 있는 것은 이 지역 특유의 고즈넉한 분위기가 미술과 잘 어울리기 때문이다. 또 그동안 '미술품 유통 1번지'로 통하던 인사동이 국적불명의 싸구려 골동품 상가로 변질되고 있는 것도 한 몫 하고 있는 것으로 풀이된다.

이 지역 화랑들은 '플랫폼 서울''삼청동문화축제' 등 미술축제를 공동으로 마련하기도 한다. 삼청동문화축제에는 갤러리 도올(이성계 목가구전), 반디(백겸중–장필교전), 심여화랑(프로팅전), 리씨(오원배전) 등 14곳이, '플렛폼 서울'에는 아트선재센터 · 국제갤러리 · 두아트서울 · 선컨템포러리 · 원앤제이 등 12곳이 각각 참여하며 오는 23일까지 진행된다. 관람객들은 전시장을 옮겨 다니며 다양한 미술 작품들을 감상할 수 있다. 이 일대에는 고급 레스토랑과 부티크까지 각양 각색의 미니숍들이 줄지어 있어 멋과 맛을 즐길 수 있는 데이트 코스로도 인기가 높다"며 "인사동을 대체하는 새로운 미술특구가 될 것이다.

〈김경갑, 한국경제신문, 2008.11.20〉

참고 5 – 이젠 그림도 혼수품 … 2030 아티젠들 결혼 적령기 맞아

그림이 결혼 혼수로 팔리고 있다.결혼 성수기를 앞두고 서울 청담동 신사동 등 화랑가에는 신혼 부부의 방에 걸어 줄 그림을 찾는 고객이 늘어나는 추세다.

예화랑, 박여숙화랑, 카이스갤러리, 박영덕화랑 등 강남 화랑가에서는 일주일에 두 세 차례씩 예비 부부나 부모들이 화랑을 방문하거나 전화를 통해 신혼 집에 걸 그림을 문의한다. 주로 찾는 것은 화목, 행운, 돈, 다산을 상징하는 3000만원 이하의 구상계열 그림들이다.

이처럼 그림이 혼수품으로 등장한 것은 예술에 관심이 높은 20~30대의 '아티젠(Arty Generation)'들이 결혼 적령기에 들면서 나타나는 현상이다. '아티젠'은 미술 음악 등 예술을 실생활을 통해 즐기는 세대를 뜻하는 조어다.

이숙영 예화랑 대표는 "미술품 혼수 문의가 결혼 성수기를 앞둔 이달 들어 부쩍 많아지고 있다"며 "임직순의 '꽃', 김재학의 '장미', 이만익의 '가족', 정일의 '드림', 김원숙의 '사랑', 박창돈의 '포도', 김근중의 '모란', 고영훈의 '호박' 등이 잘 팔린다"고 말했다.

오현금 토포하우스 대표는 "혼수품에 그림을 끼워 넣는 것은 특정 소재의 그림이 행운을 가져다 준다는 막연한 기대와 투자 가치가 있다는 믿음 때문"이라며 "삶을 개척해 나가는 과정보다는 결과를 중시하는 사회 풍조와도 관계가 있는 것 같다"고 분석했다.

〈김경갑, 한국경제신문, 2008.3.10〉

제5장 지역축제

01 축제의 의의

축제는 놀이와 예술적 요소가 포함된 제의(祭儀)라는 두 가지 성격을 가진다.

우리나라는 축제라는 용어가 상당히 일반화되어 있지만, 사실 '놀이'라는 표현이 더 자연스럽다. 여러 사람이 고동으로 어울려 노는 우리 식의 축제는 종교의례의 터 이었지만 그 속에는 유희성도 담겨있어 놀이로 변이되기도 한다. 축제에서 종교적 요소를 배제할 수는 없지만 오늘날의 축제는 종교적인 성향보다는 유희적이고 놀이적인 모습으로 부각되고 있다. 그러나 축제를 제(祭)가 사라지고 축(祝)만 남은 것이라고 단언할 수도 없다. 축제는 축과 제가 함축된 문화적인 현상이기도 하다. 일반적으로 전통축제는 지역성과 역사적 상관성 속에서 생성되어 전승되어 온 전통적인 문화유산이라 할 수 있다.

02 축제의 기능

축제는 사회 구성원으로서의 자기 확인과 공동체 의식의 고양 및 사회 통합적인 기능을 포괄하는 것으로 향토민과 공감대를 갖게 함으로써 종합예술의 성격을 지니고 있다.

도시인에게 거리의 축제나 놀이마당은 고향의 향수를 간접적으로 보여준다. 전통적인 축제의 명맥이 약화되어지긴 했으나 축제는 지역사회를 밝고 긍정적인 분위기로 전화시키는 기능, 지식의 보급과 기술의 증진을 가능하게 하는 기능을 가지고 있다. 축제는 그 자체가 목적이 아니어도 목적 달성을 위한 효율적인 수단을 가지고 있다.

국내에서 개최되고 있는 다양한 축제들은 전통축제 뿐만 아니라 문화제, 예술제, 전국 민속예술경연대회 등 그 규모가 확대되고 현대예술로 승화되어 축제속의 축제로 활성화되고 있다.

참고 1 – 지자체 공연축제 인기 폭발

의정부, 안산, 울산, 대구 등 도시들이 지역 특성에 맞는 공연축제를 정기적으로 열어 높은 호응을 얻고 있다. 이들 도시는 뮤지컬, 월드뮤직, 거리극 등으로 장르를 특화, 시민들의 참여가 갈수록 늘어나면서 도시 이미지 개선에도 도움이 되고 있다. 일부 지방자치단체들이 경쟁하듯 백화점식 축제를 기획한다는 비판을 받는 것과 다른 양상이다.

가장 먼저 자리를 잡은 것은 의정부국제음악극축제이다. 국내 뮤지컬 시장이 급속도로 커지기 시작한 2002년부터 발빠르게 시작했다. 뮤지컬, 오페라 뿐 아니라 음악을 적극적으로 활용한 극형식의 공연들을 총 200여회 무대에 올려 의정부가 '군사도시'라는 무거운 이미지를 벗는 데 한 몫 한 것으로 평가된다.

안산시는 시 안에 공원이 70여개나 된다는 장점을 살려 안산국제거리극축제를 기획, 다양한 장르의 야외 공연을 무료로 보여준다. 참가 단체 수도 27개팀(해외 17개, 국내 10개)이었던 작년에 비해 올해는 53개팀(해외 24개, 국내 29개)으로 늘었다. 축제 기간 개설된 농산물 직거래장터 '안산이오'도 성황을 이뤄 3억여원의 판매 실적을 올렸다.

대구광역시는 대구국제뮤지컬페스티벌을 연다. 1000석 이상 규모의 공연장 7곳을 포함, 총 25곳의 공연장을 적극적으로 활용해 '대구=뮤지컬 도시'라는 이미지를 굳혀나간다는 전략이다. 예산 10억원을 들여 17편의 뮤지컬을 공연할 예정이다.

울산광역시도 오는 10월2~5일 월드뮤직페스티벌을 열어 '문화 공간이 부족한 산업도시'에서 벗어나기 위해 노력하고 있다.

울산 지역에 거주하는 외국인이 76개국 1만3000여명으로 다른 지자체(평균 3100여명)보다 월등히 많아 세계 각지의 음악을 소개하는 축제를 개발한 것. 원래 42년 전통의 처용문화제의 부대 행사로 2006년부터 시작한 이 축제에 대한 반응이 의외로 높은 데 따라 지난해부터 별도로 열고 있다. 지원금도 지난해 7억원에서 올해 8억5000만원으로 늘어났다.

지자체들이 여는 축제 내용 중에 중복되는 부분이 많다는 비판이 제기되고 있으나 이들 도시처럼 지역 특성을 고려해 한 분야로 파고들어 지역민에게 다가가는 축제를 여는 게 바람직하다.

〈박신영, 한국경제신문, 2008.5.28〉

제6장 한류의 현황과 전망

01 한류의 발생과 확산과정

한류(韓流)란 중국 및 동남아 지역에서 유행하는 한국 대중문화 열풍을 의미 한다. 이 용어는 1999년 중반부터 중국 언론에서 처음 사용하기 시작하였는데, 다른 문화가 매섭게 파고든다는 의미의 한류(寒流)의 동음이어인 한류가 통용되면서 본격적으로 사용되기 시작 하였다.[1] 그리고 신한류라는 용어도 등장하고 있는데 이는 국내에서 현지의 한류 열풍을 적극 수용하고 활용할 뿐 만 아니라 차원 높게 재가공하여 관광, 쇼핑, 패션 등 연관산업 분야에서 실질적 성과를 창출하는 새로운 조류, 풍조를 말한다. 한류가 중국, 동남아 국가 현지에서 일고 있는 한국 대중문화 열풍인데 반해 국내에서 새로이 불고 있는 현상을 신한류라 하며 한 국의 가수와 공연을 보기 위해 또는 드라마 촬영지를 답사하기 위해 한국을 찾는 열풍을 말한다.

한류는 공간적으로 확산되고 있을 뿐만 아니라 내용적으로도 대중 문화의 범주에서 벗어나 보다 넓은 의미를 내포하기 시작하였다. 대중문화 에서 촉발된 한국에 대한 관심이 여타 분야로 확산되고 있는 것이다. 즉, 핸드폰 한류, 바둑한류, 자동차 한류, 자본한류, 한류경제, IT 한류 등의 말들이 생기고 있

1) 한류는 중국의 「北京青年報」에서 1999년 11월 19일에 가장 먼저 사용하였다고 함. 드라마 방영으로 조성된 한국에 대한 관심이 H.O.T의 음반 발매와 더불어 한국 대중문화에 대한 열기 가 조성되기 시작할 무렵 클론의 공연이 성공적으로 끝나자 그런 용어를 만들어 낸 것이라고 한다. 거기다 이듬해 H.O.T의 공연이 폭발적인 인기를 얻자 한류는 널리 사용되는 용어가 됨.

는 것으로 확인할 수 있듯이 한류는 문화의 영역 을 넘어서서 한국 바람, 한국 물결을 의미하는 것으로 그 의미가 확산되고 있다. 한류는 1997년 드라마 사랑이 뭐 길래를 필두로 드라마로부터 발생하기 시작하였으며, 이어 클론, H.O.T 등 가수들이 본격적인 한국 대중문화 열풍을 정착시켰으며, 이후 드라마, 대중음악을 기반으로 영화, 게임, 패션 등 대중문화 전반으로 확산되고 있다. 한류의 확산과정은 한국 대중문화의 중국내 진출이 시작된 태동기(1998년 이전), 드라마에서 시작된 한국 대중문화에 대한 관심이 대중음악으로 확산되는 발전기(1998~1999년 상반기), 한국 대중음악 열풍이 본격적으로 분 확장기(1999년 초~2002년 2월경), 그리고 대중음악, 드라마, 영화 등 한류의 폭이 보다 심화, 확대 되는 심화 발전기(현재) 등으로 구분 할 수 있다.

02 한류와 문화 산업

한류는 한국 문화 콘텐츠의 수출에 이어 제조업 상품을 비롯한 모든 상품의 수출을 촉진시키는 후광효과를 발휘하고 있다. 특히 한국문화에 호의적인 이미지는 한국 상품에 대한 선호와 코리안 프리미엄까지 만들어 내고 있다.

한류라는 용어는 한국 음악을 중국 라디오 프로그램에 소개하던 한 회사가 한국 음반을 홍보하기 위해 만든 포스터에 처음으로 사용되었다고 한다. 그리고 중국 언론에서 1997년 한국 드라마의 방영 이후 대중가요, 댄스그룹 등 한국 대중문화의 유행현상을 일컫는 말로 사용하였다. 우리나라에서는 한류를 한국의 대중문화와 연예인을 동경하고 추종하며 배우려는 문화 현상이라고 정의하고 있다.

중국어권에서 시작된 한류는 점차 일본, 베트남, 태국, 몽골, 중동 등 여러 지역으로 확산되었으며, 이제 아시아를 넘어 중동, 동유럽, 중앙아시아, 남미까지 그 영역을 확장하고 있다. 장르도 처음에는 댄스가요나 드라마 위주였다가, 패션, 핸드폰, 자동차, 한국음식, 한국어, 한국의 전통 문화까지 다양하게 확산되고 있다. 즉 드라마, 음반, 영화 등의 한국 엔터테인먼트 요소가 진출하고, 패션, 식품, 전자제품 등 한국의 경제상품이 판매가 되고, 한국문화에 대한 관심이 증대되고, 한국의 국가 이미지와 브랜드가 고양되어 한국을 방문하는 관광활동까지 이어지고 있다.

[표 6-1] 한류의 파급효과

파급 경로	내용
대중문화 판매	외국인들이 드라마, 음악, 영화, 게임 등 한국의 대중문화와 한국스타에 매료되어 열광함으로써 대중문화상품의 수출이 확대
▼	▼
파생상품 판매	드라마 관광, 성형, 화장품 등 한국 대중문화 및 한국 스타와 직접적으로 연계된 상품 판매가 확대
▼	▼
한국 상품 판매	한류의 영향을 받아 외국인들이 한국제품에 대한 선호도가 높아져 전자제품, 생활용품 등 'Made in KOREA' 제품을 구매 대중문화에서 한국문화, 한국상품 등으로 이어지는 파급효과
▼	▼
한국 선호	한국의 문화, 생활양식, 한국인 등 '한국' 전반에 대해 선호하고 동경하는 단계

참고 1 – 日 쿨 재팬에 맞설 한류(韓流)대책 있나

일본 정부가 아시아 시장을 겨냥해 자국기업들이 일본 문화를 곧바로 비즈니스로 연결시킬 수 있도록 적극 지원하기로 했다고 한다. 패션 만화 등 이른바 '쿨 재팬(Cool Japan)'으로 불리는 일본 문화를 전략산업으로 키우겠다는 의도다.

이를 위해 일본 경제산업성 자문기구인 산업구조심의회는 '아시아 소비트렌드 지도'를 작성키로 했다고 밝혔다. 예컨대 중국 상하이시에 사는 20~30대 여성들이 좋아하는 패션잡지나 브랜드가 무엇인지 등 아시아 각 지역을 대상으로 소비자의 취향을 연령대, 소득계층별로 분석해 기업들이 상품개발이나 영업에 활용할 수 있도록 한다는 얘기다. 문화산업을 키우기 위한 일본의 치밀함을 엿볼 수 있다.

일본의 이런 전략은 우리에게도 시사하는 바가 크다. 한때 한류 바람이 일어나면서 의기양양했던 우리가 과연 돈 되는 사업기회를 얼마나 창출(創出)했는지 되돌아보면 반성할 점이 한두 가지가 아니다. 치밀한 후속전략을 강구하기보다는 표면에 드러나는 것 자체에 흥분했던 측면이 강했다. 그 바람에 상대국가의 의심과 견제를 사기도 했고, 결국 이런 것들이 쌓이면서 한류가 일회성으로 끝나버리고 있다는 생각을 떨치기 어렵다.

그런 가운데 국내 문화시장은 급속도로 외국에 잠식당하고 있다. 일본이 만든다는 아시아 소비트렌드 지도에 우리 어린아이들이 어떻게 나타날지는 물어볼 필요도 없다. 이들은 지금 일본 만화, 애니메이션, 게임 등에 거의 몰입(沒入)해 있다고 해도 과언이 아니다. 지금도 그렇지만 이 아이들이 커서도 일본 제품과 서비스를 선호할 것은 불을 보듯 뻔한 일이다. 이러다간 전체 시장을 다 내줄 판이다.

정부는 문화산업을 키우기 위한 콘텐츠코리아 비전을 곧 내놓겠다고 했다. 그러나 문화산업을 제대로 육성하려면 정말 종합적이고 체계적인 전략이 필요하다. 글로벌 전략으로 나갈 경우도 일본이 구상하고 있는 것처럼 해외 소비자에 대한 면밀한 분석은 기본 중의 기본이다. 지금은 문화 경쟁력의 시대다. 문화가 국가 브랜드로 이어지고, 새로운 신규사업을 창출하는 바탕이 되고 있다. 이런 점을 생각하면 문화산업은 문화체육관광부만의 일이 아니다. 범부처적인 차원에서 중요성을 인식하고 발벗고 나서야 한다.

〈한국경제신문, 사설, 2008.7.29〉

참고 2 – 한국 붐 이어나갈 '제2의 겨울연가' 찾아라

'겨울연가'의 엄청난 붐을 이어갈 후속 한류작은 언제, 어떻게 나올 것인가. 드라마인가 영화인가. 보아 이후 별다른 성과가 없는 대중음악 부문에서 스타 탄생이 있을 것인가. '한류 스타' 송승헌의 군 입대가 주요 일간지 1면(마이니치신문 석간) 기사로 보도될 정도로 지금 후끈 달아 있는 한류 붐의 전망에 대해 일본에서는 한계와 가능성을 동시에 점치고 있다.

우선 '한계'에 대한 우려가 있다. '겨울연가'의 배용준, '태극기 휘날리며'의 장동건·원빈, '올인'의 이병헌이 '일본인을 사로잡은 4대천왕'으로 엄청난 인기붐을 이어가고 있지만 정작 작품 면에서는 지금처럼 가장 중요한 시기에 그에 걸맞은 '실적'이 나오지 못하고 있다는 점이다. '풍요 속의 빈곤'인 셈이다. 동북아 정치·문화관련 잡지를 출판하는 가잔카이(華山會)의 한 편집자는 "약 10년 전에 중국 붐이 대단했으나 1~2년 만에 식어버렸다"고 지적했다.

그래도 한류 붐이 상당 기간 유지될 것이라는 전망이 더 우세하다. 무엇보다 한류 스타들의 개인적 인기가 높고, 내년 한·일 국교정상화 40주년을 맞아 두 나라 정부 차원의 '한·일 우정의 해' 등 여러 가지 이벤트가 많다는 점이 원인으로 꼽힌다. 그만큼 한국 스타들이 매스컴에 노출되는 기회가 많아질 것이기 때문에 한류에 대한 끊임없는 재인식이 가능할 것이라는 분석이다. 지금 '한류 스타'로 떠오른 배우들에 대해 일본 연예계가 눈독을 들이고 갖가지 이벤트를 준비하고 있기 때문에 이 투자 사이클이 굴러가면서 붐이 지속될 것이라는 의견(방송국 관계자)도 있다.

한류 붐이 계속되면 장·단기적으로 한국은 얻는 것이 적지 않다. 당장은 드라마와 영화 등 문화산업으로 벌어들이는 경제적 이득만 눈에 띄지만 길게 보면 한국이라는 국가 브랜드 이미지가 긍정적인 것으로 변한다. 소니, 롯데, 오쓰카 등 배용준을 모델로 기용한 일본 기업들도 일본 내 매출이 20~30% 이상 늘고 있다는 후문이다.

그러나 이 같은 한류 붐이 지속되기 위해서는 빠른 시간 안에 빅히트가 더 나와야 한다는 것이 일반적인 의견이다. 한류 팬들은 '욘사마' 배용준의 지지세력인 30대 이상 주부에서 이제 원빈, 이병헌 등을 놓고 20대 이하의 젊은 층으로 퍼져가고 있으며 이에 따라 한류현상의 외연도 넓어졌다.

이들 새로운 한류 팬을 한류 '고정팬'으로 만들기 위해서는 젊은 층에 어필할 수 있는 작품과 이벤트가 후속타로 나와줘야 한다는 것이다. 2000년 '쉬리'와 2001년 '공동경비구역 JSA' 흥행 이후 별다른 성과를 못 내고 있는 영화의 경우 "어렵고 어둡고 특수한 한국사회 정황이란 것이 장애가 됐다"는 일본 영화 시장 전문가들의 지적을 귀담아들을 필요가 있다.

일본 연예전문 주간지의 한 기자는 "이른바 '욘사마' 팬과 기타 한류스타들의 팬들은 전혀 다른 층"이라며 "배용준 이외의 한국 배우들에 대한 인기는 다소 생명력이 짧은 일본의 아이돌 스타 인기와 비슷하다"고 분석했다.

〈최흡, 조선일보, 2004.11.10〉

◎ 보충자료 – 문화향수 실태조사 관련 참고자료

보충자료 ❶ 연간 문화예술행사 관람률

예술행사	연간 예술행사 관람률				
	2008년 조사	2006년 조사	2003년 조사	2000년 조사	1997년 조사
예술행사 전체	67.3%	65.8%	62.4%	54.8%	66.8%
문학행사	4.0%	4.4%	4.0%	5.1%	13.5%
미술전시회	8.4%	6.8%	10.4%	11.6%	27.3%
클래식음악 · 오페라공연	4.9%	3.6%	6.3%	6.7%	13.3%
전통예술공연	4.4%	4.4%	5.2%	7.7%	15.4%
연극(뮤지컬)공연	11.0%	8.1%	11.1%	10.9%	20.2%
무용공연	0.9%	0.7%	1.1%	2.0%	4.1%
영화상영	61.5%	58.9%	53.3%	40.0%	53.1%
대중가요콘서트/연예	8.2%	10.0%	10.3%	8.6%	15.3%

보충자료 ❷ 소득, 지역, 학력별 문화예술행사 관람률

예술행사	연간 예술행사 관람률			예술행사연평균 관람횟수		
	2008년 조사	2006년 조사	2003년 조사	2008년 조사	2006년 조사	2003년 조사
예술행사 전체	67.3%	65.8%	62.4%	4.88	4.66	4.47
대도시	70.6%	69.6%	66.0%	5.12	5.06	4.91
중소도시	67.6%	63.2%	62.7%	5.10	4.59	4.47
군 지역	48.9%	57.0%	44.8%	2.63	2.85	2.48
중졸이하	41.2%	40.1%	42.7%	2.03	2.02	2.58
고 졸	62.9%	63.4%	55.2%	3.45	3.58	2.44
대재이상	86.8%	86.0%	82.8%	7.96	7.77	8.07
100만원 미만	19.3%	23.9%	25.3%	0.55	0.86	0.92
100-199 만원	48.3%	54.7%	52.0%	2.74	3.21	3.36
200-299 만원	70.5%	66.3%	63.8%	4.44	4.53	4.20
300-399 만원	79.4%	79.6%	70.1%	6.11	6.31	5.51
400만원 이상	80.6%	86.0%	85.1%	7.64	7.28	7.78

보충자료 ❸ 시설별 문화시설 문화행사 참여율 및 참여횟수

	문화시설의 문화행사 연간 참여율				문화시설의 문화행사 연평균 참여횟수			
	2008년 조사	2006년 조사	2003년 조사	2000년 조사	2008년 조사	2006년 조사	2003년 조사	2000년 조사
전체	30.0%	30.1%	32.2%	38.7%	1.03	1.16	1.25	2.23
시/군/구민회관	7.7%	7.8%	8.3%	11.3%	0.16	0.19	0.16	0.37
문화예술회관	9.7%	9.9%	10.6%	12.3%	0.22	0.23	0.24	0.30
복지회관	4.7%	5.3%	4.6%	6.7%	0.13	0.17	0.12	0.23
청소년회관	2.7%	2.4%	3.6%	4.1%	0.06	0.05	0.08	0.24
문화원	1.8%	1.7%	2.1%	2.2%	0.05	0.04	0.04	0.06
도서관	3.9%	5.5%	7.1%	6.1%	0.11	0.20	0.23	0.32
박물관	8.0%	8.8%	10.8%	9.8%	0.14	0.15	0.23	0.19
대학교부설 사회문화교실	1.2%	1.0%	1.7%	2.3%	0.03	0.02	0.04	0.11
사설문화센터	4.3%	3.3%	4.4%	8.8%	0.13	0.11	0.12	0.40

보충자료 ❹ 분야별 문화예술교육 경험률

학교교육 이외의 문화예술교육 경험률	2008년 조사	2006년 조사	2003년 조사	2000년 조사
문학	1.9%	1.5%	1.5%	2.0%
미술	2.9%	2.8%	4.5%	5.4%
서양음악	1.3%	1.2%	1.9%	2.0%
전통예술	0.9%	0.8%	2.2%	2.9%
무용	1.2%	0.6%	1.4%	0.9%
연극	0.3%	0.3%	0.7%	0.7%
영화(비디오)	0.5%	0.6%	0.7%	0.9%
가요/연예	1.6%	1.5%	1.7%	2.2%
역사문화유산	0.7%	1.0%	1.0%	2.1%

참고문헌

구문모(1999),영화음반산업의 현황과 발전방안, 산업연구원.

권오혁, 김흥석(2000), 지방문화산업육성방안, 한국지방행정연구원.

김소영 외(2002), 문화상품 품질인증제 도입을 위한 기초연구, 한국문화관광정책연구원.

김영순(2005), 문화콘텐츠학의 탁생.

김의준(2004).문화콘텐츠산업의 경제적 파급효과,한국문화콘텐츠진흥원.

김재범(2005), 문화산업의 이해, 서울경제경영.

대한무역투자진흥공사(2000), 21세기 신산업, 문화를 수출한다.

레스터서로우(1999), 경제탐험, 이진출판사.

문화관광부(2006), 2005 문화산업백서.

_________(2007), 애니메이션 총량제 분석 및 산업육성 정책연구.

_________(2007), 애니메이션산업백서 2007.

문화관광부 · 한국문화콘텐츠진흥원(2008), 2007 만화산업백서.

______________________________(2008), 2007 캐릭터산업백서.

문화관광체육부(2007), 문화산업백서.

_____________(2008), 2007 문화산업통계.

영화진흥위원회(2008), 2006 한국영화산업 실태조사와 한국영화 수익분석.

장성욱(2002), 지방문화산업 발전방안에 관한 연구.

조동성(2002), 국가경쟁력과 문화예술의 역할, 문화관광정책연구협의회.

한국게임산업진흥원(2007), 2007 대한민국게임백서.

________________(2007), 2007 음악산업백서.

한국은행(2009), 문화콘텐츠산업의 현황과 과제.

PricewaterhouseCoopers(2007), 『Global Entertainment and Media Outlook: 2007~2011』

찾아보기

▍저자 약력▍

배 기 형

(현) 세종대학교 경제통상학부 교수
한국문화산업학회 이사
한국물류학회 이사

〈주요 저서〉

세계경제입문(도서출판 두남)
알기 쉬운 경제학(대진)
국제지역경제(비봉출판사)

인 지

문화경제의 이해

초 판 1쇄 인쇄──2009년 9월 1일
초 판 1쇄 발행──2009년 9월 5일
지은이──배 기 형
펴낸이──전 두 표
펴낸데──도서출판 **두남**
서울시 강동구 성내 1동 455-12 두남빌딩
신고 : 제25100-1988-9호
(구 제2-624호, 1988. 7. 21)
TEL : (02) 478-2065~7, 478-2311
FAX : (02) 478-2068
E-mail : dunam1@unitel.co.kr
http://www.dunam.co.kr

정가 12,000원

ISBN 978- 89-6414-016-1 93320